# WIR UM 2000

## Quantenphysik und das Evangelium des Johannes

Band 3

Wir um 2000

Bedanken möchte ich mich bei meiner Frau Erika für ihre Anteilnahme. Sie ist leider im Februar 2013 verstorben.
Mit ihr hatte ich bei den meisten hier angeführten Argumenten einen engagierten Gedankenaustausch, der unserem Inneren zu einem Entwicklungsprozess mit nachhaltiger Wirkung verhalf.
Ihr möchte ich diese Darlegungen widmen.

Mein Dank richtet sich auch an die Studiendirektorin Frau Inge Goblirsch, die Korrektur gelesen hat.

Zusätzlich bedanke ich mich noch bei den vielen
Helfern, die mir uneigennützig ihre Dienste zukommen ließen.
Sie bleiben mir mit ihrem Beistand in lieber Erinnerung.
                    Werner M. Heinrich

# WIR UM 2000

## Quantenphysik und das Evangelium des Johannes

### Band 3

Ausgabe 2 : 2015

Bibliografische Information der Deutschen Nationalbibliothek:
Die Deutsche Nationalbibliothek verzeichnet diese Publikation in der Deutschen Nationalbibliografie; detaillierte bibliografische Daten sind im Internet über http://dnb.dnb.de abrufbar.

Illustration: Graphik , Werner Heinrich
weitere Mitwirkende: keine

Herstellung und Verlag:
BoD – Books on Demand, Norderstedt

ISBN 978-3-7386-0107-7

# Inhalt

# Vorwort

Bei wohlwollender Betrachtung könnten die vorliegenden Aufzeichnungen als Aphorismen bezeichnet werden. Sie sind für meine Enkel gedacht und sollen ihnen Lebenserfahrungen auf ca. 300 Seiten DIN A4 en bloc vermitteln. Um sie zu sammeln, benötigte ich etwa 70 Jahre und mehrere Jahre, um sie niederzuschreiben.

Gleichzeitig verbinde ich an meine jungen Leser den Anspruch, sich mit den dargebotenen Themen vertraut zu machen, um ihr Bewusstsein auf einer Ebene zu halten, die es ihnen erlaubt, sich wirklichkeitsnah für die alltäglichen Herausforderungen zu qualifizieren, anstatt aus Ahnungslosigkeit in vermeidbaren Kalamitäten unterzugehen.

Schließlich wäre es mir eine Freude, wenn meine Nachkommen Familienwissen übernehmen, bewahren und vertiefen, so dass es schließlich zur Basis ihrer Persönlichkeitsentwicklung wird. Die Schere von Bildung und Unkenntnis wird sich künftig in der Bevölkerung noch deutlicher öffnen als bisher, daher ist es von Vorteil sich auf der richtigen Seite zu wissen.

Die von mir dargelegten Gedanken sind Bemerkungen zu Feststellungen und Sichtweisen, so wie sie sich mir um die Jahrtausendwende boten, oft außerhalb von den von der Tagespresse berichteten Ereignissen. Wirklich Interessantes, von dem die Welt voll ist, wie bleibende Werte oder der dynamische „Organismus" der eigentlichen Wirklichkeit, findet in den Medien selten sachlichen Widerhall.

Wenn ich mich als Ingenieur jetzt mit der Transzendenz beschäftige, so eröffne ich für mich in meinem Denken ein interdisziplinäres Feld, dessen Bedeutung weniger auf einer breiteren – jedoch auf einer höheren, wirklichkeitsnäheren Ebene (n. Cusanus) zu sehen ist. Dort kooperieren Naturwissenschaft und Geisteswissenschaft im System der Ganzheitlichkeit. Heute halten Ganzheitlichkeit nur wenige für möglich, weil wir das ausschließlich positivistische Weltverständnis immer noch nicht überwunden haben. Bei allem Respekt vor konsequentem Positivismus – wir verdanken ihm unseren technischen Fortschritt – ist zu bedenken, dass Naturwissenschaft allein die tief greifenden Probleme des Menschen nicht löst, sondern eher verschärft.

Dieses Faktum weist darauf hin, dass für den Erfolg ein gebührendes Maß an Religion und Philosophie im Tagtäglichen notwendig und auch bereits vorhanden ist. Niemand muss die Welt und ein stimmiges Leben neu erfinden.

Aus unserer Unkenntnis über die Wirklichkeit beurteilen wir ungezwungen Transzendentes vom Standpunkt der klassischen Physik her oder gemäß der empirischen Erfahrung. Notwendig wäre aber, Alltägliches vom Standpunkt der Transzendenz her zu begreifen.

So leben wir in heiterer Orientierungslosigkeit, ungebremst wider die Natur. Die Funktionen der Quantenmechanik, zusammen mit dem Potential des Neuen Testaments, repräsentieren diese Natur. Wir könnten deren Lehren nutzen.

Bei der Wahrnehmung unseres *inneren Menschen*, als auch des *inneren Menschen* anderer Personen, wird ein Netzwerk der Beziehungen deutlich und wirksam. Schließlich verblüfft noch die moderne Physik mit dem Hinweis, dass auch alle Objekte miteinander in Beziehung stehen und wir mit ihnen. Nichts ist so vereinzelt wie es uns erscheint.

Das zwischenmenschliche Beziehungsgeflecht kann durch Bewusstseinsinhalte wie Wohlwollen, Dankbarkeit oder Vergebung aktiviert werden. Diese wirken beispielhaft verbindend zu den Mitmenschen, nonverbal, zeitlos und über deutliche Entfernungen. Das zu wissen ist von unschätzbarem Wert, weil eine derartige Verbindung eine mächtige Funktion ausübt; im Gegensatz zur unnatürlichen Isolation des Individualisten oder Egoisten, der allein nicht wirklich lebensfähig ist.

Liebe Enkelkinder! Persönliche Sichtweisen aus der Erfahrung eines fast gelebten Lebens zu vermitteln, sehe ich als Erziehungsauftrag für Großeltern. Das veranlasste mich unter dem Eindruck der Gesamtsituation zum Jahrtausendwechsel mit der Aufzeichnung von Gedanken für Euch zu beginnen. Ich wünsche mir für Euch zukünftig so viel innere Freiheit, um den Moden Eurer Zeit seltener zu verfallen, und das klare Bewusstsein, dass *Eure* aktuelle Lebenssituation immer aus *Euerm* persönlichen Geist heraus geschaffen wurde.

Euer Opa.

# 3.0 Quantenphysik und das Evangelium des Johannes

… oder die Chance zum Beginn des 21. Jhs.

> *„ … nur ganz wenige wissen, dass sich mit der Entwicklung der modernen Atomphysik und der Formulierung der Quantenmechanik im ersten Drittel unseres Jahrhunderts (20. Jh.) eine tief greifende Revolution in unserem naturwissenschaftlichen Weltbild vollzogen hat. …. Die heute wichtigsten Zweige der Technik sind ohne Quantenphysik nicht denkbar. Doch ungeachtet dieser umfassenden Anwendung und Verwertung und trotz ihrer philosophischen Brisanz sind die erkenntnistheoretischen Konsequenzen der neuen Physik kaum ins öffentliche Bewusstsein gedrungen."* (Hans Peter Dürr, 1980)

Das veränderte Weltbild, von dem der Physiker H. P. Dürr redet, initiiert eine fundamentale Wandlung des menschlichen Bewusstseins, die mit einem Paradigmenwechsel bezeichnet werden kann. Es entsteht durch ein Umdenken von einer mechanistischen zu einer ganzheitlichen Welt. Und betrifft daher die ganze Natürlichkeit des Alltäglichen, im Gegensatz zur dualistischen Weltsicht, bei der die Welt in einen mechanistischen und einen spirituellen Teil gespalten ist, der noch dazu von unterschiedlichen Denkschulen speziell gedeutet wird.

Der aktuell bestehende Bruch zu einem ganzheitlichen Weltverständnis wird in dem kartesischen und newtonschen Missverständnis nach wie vor aufrechterhalten, weil es die klassische Naturwissenschaft nicht ermöglicht, über ihre

Grenzen hinaus zu denken. Die im Grunde positivistische Sichtweise erklärt: es ist offensichtlich, dass alles aus separaten Objekten besteht, die untereinander beziehungslos ihr Eigendasein führen. Sogar der Geist hat nach Descartes nichts mit dem Körper zutun.

Der Bruch wird erfahrbar zwischen der positivistischen Vernunft und dem Glauben, zwischen der klassischen Naturwissenschaft und der Geisteswissenschaft, wie auch zwischen Wissen und Weisheit.

Physik und Philosophie des 17. Jhs. schufen zwei Kategorien, in die alle auftretenden Phänomene der menschlichen Erkenntnisfähigkeit bis heute getrennt sortiert werden, anstatt sie im Einen verwurzelt zu erkennen.

Der Bruch wird auch durch die Kirchen stabilisiert, in dem sie die grundsätzliche Unvereinbarkeit zwischen dem Irdischen und dem Geistlichen betonen – obwohl das Irdische Teil der Schöpfung Gottes ist – anstatt unter gewissen Gesichtspunkten eine taugliche Verbindung des Gemeinsamen zu suchen, das in der einen Wirklichkeit als grundlegend vorausgesetzt werden muss.

Heute ist die Spaltung weithin perfekt. Die Menschen können das Irdische in ihren Gedanken nicht verlassen und deswegen nicht in das Geistliche eintreten; so sagt es die Kirche. Es wäre jedoch dringend notwendig, sich auf die Verbundenheit zwischen Geist und Materie einzulassen und die offensichtlichen Wechselwirkungen zu erforschen.

Der Theologe Patrik Becker befürchtet, dass sich um das hohe Ziel der Theologie immer mehr die lähmende Gleichgültigkeit rankt, die ihren kraftvollen Kern verdeckt, wenn ihre empirische Zugänglichkeit, d. h. die praktische Erfahrung, die verifizierbare Veränderung, ausbleibt (52; S.12):

> *„Die Theologie ... steht ... vor einer ernsten Herausforderung. Wenn sie weiterhin an der Trennung der Disziplinen festhält und auf dem Standpunkt bleibt, Naturwissenschaft und Theologie hätten ein anderes Sprachspiel und würden einen anderen Zugang zur Wirklichkeit darstellen, dann verurteilen sie sich und ihre Inhalte zur empirischen Bedeutungslosigkeit."*
> *„Gleiches gilt für Gott: Wenn ich ihn in dieser Welt erspüren können will, wenn er in Beziehung zur Welt stehen soll, ... dann muss es einen Punkt geben, an dem er empirisch bemerkbar wird. Ansonsten wird der Glaube an ihn zu einer rein subjektiven Interpretation ohne empirischen Bezug. Alles was relevant sein soll, muss irgendwann den Bereich der Empirie erreichen – und damit eine Schnittstelle zur Naturwissenschaft besitzen."*

Heutzutage wird es immer schwieriger die Wirkung Gottes in einer positivistisch geprägten Gesellschaft zur Sprache zu bringen. Die Theologie kann auf ein aktuelles göttliches Eingreifen nicht mehr verweisen. Historischen Ereignissen stehen zeitgenössische Denker skeptisch gegenüber, weil Wunder die Gesetze der Naturwissenschaft aufheben; und das kann keiner glauben.

Doch die Ganzheitlichkeit der Welt ist selbst naturwissenschaftlich nicht hinweg zu argumentieren. Sie ist heute eher durch die moderne Physik nachzuweisen.
Allein durch den Tatbestand des Lebens ist die Synthese von Geist und Materie an jedem Lebewesen sichtbar gegeben.

Außerdem ist Leben der einzige Zustand, der der Entropie entgegen wirkt. In allen anderen weltlichen Prozessen wird die Entropie (irreversible Unordnung) zunehmen, bestenfalls gleich bleiben.

Doch die naturwissenschaftlich orientierte Mehrheit glaubt, dass aus der zur Unordnung tendierenden Materie systemvolles Leben entsteht.

Aus einer neuen Weltsicht lassen sich auch neue Ansätze gegen die Glaubensmüdigkeit ableiten. Es muss die Anwendbarkeit des Glaubens im täglichen Leben gefunden und zur Erfahrung gebracht werden (Bereich der Empirie). Anwendbarkeit steht zur Wirklichkeit näher als Gesichtspunkte aus überholten Traditionen. Diese sind erschöpft, sie können in der westlichen Welt nicht mehr der menschlichen Fortentwicklung dienen. Noch nie waren die Menschen geistlich so orientierungslos wie heute. Die westliche Gesellschaft gleicht einem bislang eng geführten Fluss, der jetzt in seinem Delta unberechenbar ausufert.

Der Blick auf eine ganzheitliche Welt offenbart Zusammenhänge, die uns mehr von der *eigentlichen Wirklichkeit* aufzeigen und eine Neuorientierung erlauben bzw. erforderlich machen.

Wird bedacht, dass diese Zusammenhänge das Natürliche verkörpern, dann sind wir, solange wir sie nicht akzeptieren, sehr weit vom Natürlichen und seiner Wirklichkeit, entfernt. T. Torrance schrieb über C. Maxwell (7; S.3):

> „ ... er (Maxwell) *legte es ... darauf ab, zu betonen, dass die Naturwissenschaft unter einem ganz neuen*

14

*Aspekt erscheint, wenn wir herausfinden, welche Be-*
*deutung sie für unser tägliches Leben und unser Han-*
*deln in der Welt hat. ... Bei Clerk Maxwell war das*
*wissenschaftliche Verständnis des Universums und*
*der Glaube an Gott zutiefst integriert."*

Um einen tieferen Einblick und ein besseres Verständnis
über die Aussagen des Neuen Testaments zu erreichen, ist
ein Studium der Quantenphysik sicher nicht erforderlich. Die
Quantenphysik könnte aber die Disziplin sein, die bei einer
Weiterentwicklung ihres philosophischen Aspekts zum
Schnittpunkt mit der Religion führen kann und dann den
Beweis erbringt, dass es nur eine Wirklichkeit gibt, die ihren
Ursprung in dem einen Schöpfer dann erkennen lässt. Die
Welt manifestiert so das *Kohärenzprinzip* (der Zusammen-
hang alles Seienden). Es wird sich dann auch offenbaren,
dass der klassische Dualismus von Geist und Materie nur in
unserem begrenzten Bewusstsein existiert.
Clerk Maxwell gibt zu bedenken (7; S.7):

*„Gerade weil die von Gott geschaffene Welt letzten*
*Endes eine einzige Einheit bildet, gibt es grundsätzli-*
*che Wesensverwandtschaften zwischen all ihren Ge-*
*setzen und sogar Analogien zwischen der Struktur des*
*menschlichen Geistes und der äußeren Welt. Daher*
*ist die Physik ... in der Lage uns wirklichkeitsgerechte*
*Analogien bereit zu stellen, die wir dafür verwenden*
*können, dem Wissen, das wir anderweit, wie etwa aus*
*der christlichen Theologie, gewonnen haben, eine*
*neue Akzentuierung und Klarheit zu geben."*

Schon die biblische Erkenntnis, dass Wahrheit zur Freiheit
führt (Joh. 8/32), kann in analoger Weise auf die moderne

Physik übertragen werden. Wenn wir ein Wirkprinzip in der Quantenphysik verstanden haben, kann die Rückführung ins Evangelium eine präzisere Vorstellung von den dort verkündeten Prinzipien liefern. Die Quantenphysik verweist darauf, dass die Wirklichkeit keine objektive Realität, sondern schwebende Potentialität ist (Dürr), in der der Geist steuernden Einfluss nimmt. Nichts anderes bekundet der Vers 6/63 von Johannes, der dem Geist die erste Priorität zuweist:

> *„Der Geist ist es, der lebendig macht, das Fleisch*
> *nützt nichts."*

In analoger Weise könnte in der Quantenphilosophie formuliert werden: „Der Geist ist es, der lebendig macht, das Fleisch gibt's nicht."
Die Quantenphysik weist darauf hin, dass die Materie bei genauer Betrachtung zu verschwinden beginnt. Sie verhilft uns zu einer anderen, klareren Bewertung der Phänomene, zu denen wir in Beziehung stehen, aus denen wir schließlich unsere Erfahrung schöpfen.
George Berkeley behauptete schon im 18. Jh. (4): „Körperliche Dinge bestehen nicht aus Materie, sondern sind komplexe Gebilde von Empfindungen oder Vorstellungen in jemandes Bewusstsein."
Dürr äußert sich zum Verhältnis von Physik und Transzendenz:

> *„Eine konsistente Erklärung der Quantenphänomene*
> *kam zu der überraschenden Schlussfolgerung, dass es*
> *eine objektivierbare Welt, also eine gegenständliche*
> *Realität, wie wir es bei unserer objektiven Betrach-*
> *tung als selbstverständlich voraussetzen, gar nicht*

>*wirklich*< *gibt, sondern* **dass sie nur eine Konstruk-
tion unseres Denkens ist,** ... "

Demnach liegt es an unserem Denken, dass wir den Tisch
oder den Stein als festen Gegenstand empfinden. Dabei er-
hebt sich die Frage, aus welchem Material bestehen dann die
Atome bzw. ihre „Bausteine" die Elementarteilchen, wenn
die Gegenstände selber eine Konstruktion unseres Denkens
sind. Die Antwort, dass die Elementarteilchen aus überhaupt
keinem Stoff bestehen, ist mittlerweile weitgehend bekannt,
aber sie verblüfft immer wieder, weil es die Vorstellungskraft
unseres Verstandes übersteigt.

Dass Material nicht aus Material besteht, klingt wirr und zugleich bestechend. Es ist aber wahr, denn es ist mathematisch
belegt und durch die Praxis verifiziert. Sogar positivistische
Denker können dem zustimmen.

Erschwerend kommt hinzu, dass die Sprache nicht ausreicht,
um den Charakter der Elementarteilchen treffend mit Worten
zu schildern. Obwohl sie nicht aus Material bestehen, haben
sie dennoch eine messbare Masse und eine Geschwindigkeit,
mit der sie in ihrer Gitterstruktur schwingen.

Der Träger des Zustands ist ohne stoffliche Struktur, es ist
der leere Raum oder das Feld, das voll mit Energie ist. Es ist
kaum zu glauben, aber die ganze Welt besteht nicht aus to-
tem Material, sondern ist voll mit immaterieller Dynamik.
Um uns herum wabert und schwingt es, nichts ist starr.

Jedenfalls ist der Zustand abstrakt und kann nur mit ziemlich
komplizierten Differentialgleichungen (Maxwell`sche Glei-
chungen) ausreichend beschrieben werden. Der Zustand zeigt
sich als systematisches Gedankengebilde ohne die geringste
Stofflichkeit, und daraus bestehen wir und die Welt.

Der Physiker James Jeans bezeichnet die Welt als eine Welt des Gedankens, die man nur mit Hilfe der Mathematik näher fassen könnte, und Werner Heisenberg sagt von den Elementarteilchen:

> „Diese kleinsten Einheiten der Materie sind tatsächlich keine körperlichen Objekte im gewöhnlichen Sinne; sie sind Formen, Ideen, die nur in mathematischen Begriffen eindeutig ausgedrückt werden können."

Der Nobelpreisträger Erwin Schrödinger versteht die Wirklichkeit als Geist, wenn er ausführt:

> „Die Sprache hat sich der uralten Sustanzhypothese so ganz und gar angepasst, daß wir fast notgedrungen denken, wenn wir die Worte ′Form′ oder ′Gestalt′ hören, sie wären sinnlos, wenn wir nicht sagen, was diese Form oder Gestalt hat; es müsse, denken wir, doch ein Substrat sein als Träger der Gestalten. ... Aber wenn wir zu den letzten Partikeln kommen, die die Materie ausmachen, erscheint es sinnlos wiederum zu denken, dass sie aus irgendeinem Material bestünden. Sie sind sozusagen ′reine Gestalt′, nichts als Gestalt; was bei wiederholten Beobachtungen immer wieder auftaucht ist diese Gestalt, nicht ein einziges Stäubchen von Materie."

Form ohne Substanz widerspricht dem Vorstellungsvermögen unseres Bewusstseins, denn unser Bewusstsein kann sich Form nur aus materiellen Träger-Strukturen denken; es muss noch lernen Form auch geistig zu verstehen.

Fritjof Capra beschreibt das Quantenphänomen als Beziehung von Beziehungen die geistig – und keine körperlichen Objekte sind.

Und R. Sheldrake zitiert den Physiker Sir Arthur Eddington, der 1928 schrieb:

> „Der Geist beeinflusst den Körper, in dem er die Form quantenmechanischer Ereignisse im Gehirn durch Einflussnahme auf die Wahrscheinlichkeit ihres Auftretens präge."

Möglicherweise wird hier schon eine Beziehung zum Placeboeffekt angedeutet.

Konkret schreibt Lothar Schäfer unter der Überschrift „Der Geist als Grundlage der Wirklichkeit" (4; S.118):

> „Elementarteilchen können in makroskopisch sichtbarer Weise auf den Fluss von Informationen reagieren, als ob sie von dem beeinflusst würden, was wir von ihnen denken."

Praktisch bedeutet das: in Wirklichkeit sind alle erkennbaren Gegenstände nicht aus der trägen Substanz, die wir mit unseren Sinnen zu erkennen glauben. Natürlich läuft das unserer Erfahrung und dem gesunden Menschenverstand zuwider, wenn wir verstehen sollen, dass alle materiellen Gegenstände Trugbilder sind, auf die wir aber Einfluss ausüben können.
**Die mit den Sinnen erkennbare materielle Realität wird veranstaltet von einem Zusammenspiel immaterieller Ereignisse und Prozesse.**

Das sollte einmal in Ruhe reflektiert werden, denn die wahrnehmbare Wirklichkeit ist ein perfekter Bluff. Diese Schlussfolgerung verlangt von uns eine grundlegend andere Sicht aller irdischen Phänomene. Gleichzeitig eröffnet es neue Perspektiven, wenn uns die Quantenphysiker erläutern, dass die Materie eine Konstruktion unseres Denkens ist, d. h. einer Denkweise entstammt, die sich lediglich auf die Sinne gründet.

Es klingt beinahe mysteriös, wenn wir neuerdings durch die Quantenphysik erfahren, dass der Geist die Materie erreicht und seinen Einfluss geltend macht. Der gedachte Gedanke befindet sich nicht mehr neutral und einflusslos „neben" der kompakten Substanz, sondern er wirkt auf sie ein, weil sie selber aus Prozessen besteht, die theoretisch sind, nicht materiell. **Der Geist inspiriert das Geistige.**

Um die moderne Naturwissenschaft wirklich zu verstehen, müssen wir nach den Kriterien der klassischen Physik erst einmal gestorben sein, damit wir nicht mehr der Beschränktheit des menschlichen Verstandes unterliegen. Das Raum-Zeit-Kontinuum beispielsweise kann nicht von Wesen verstanden werden, die den Raum und die Zeit noch für getrennt halten und getrennt handhaben. Es hat die Naturwissenschaft – genauso wie das Evangelium – ihre Wurzeln in der Transzendenz. Um die Wirklichkeit zu begreifen, leben wir alle viel zu kurz. Ein einziges Menschenleben reicht bei der unendlichen Komplexität nicht aus, um z. B. Einsteins Relativitätstheorie zu verstehen.

Deshalb können wir es nicht ohne weiteres akzeptieren, dass der traditionelle Begriff der *festen Materie* aufzugeben ist.

Die Wirklichkeit werden wir aber gerade deshalb nicht begreifen.

Die Feststellung: die Materie ist keine absolute Größe, sondern davon abhängig, wie wir sie betrachten, widerspricht unseren grundlegenden Erfahrungen, die wir mit der Materie haben. Doch die Komplementarität (10; S.160) in der Physik besagt, dass die kleinsten Einheiten, aus denen das Atom besteht, Wellencharakter, aber auch Teilchencharakter annehmen können, jedoch objektiv weder Wellen noch Teilchen sind (A. Zeilinger) (s. Kap. 2.4).

Das betrachtete Objekt ist in seiner Struktur abhängig von der Sichtweise des Beobachters. Beobachter und Objekt bilden eine Einheit, in der der Beobachter durch die Art seiner Beobachtung die „Konsistenz" des Objektes bestimmt.

Grichka Bogdanov (13) erläutert das an folgendem Beispiel:

> *„Nehmen wir eine Blume. Wenn ich beschließe, sie aus meinem Blickfeld zu entfernen, in ein anderes Zimmer zu stellen, existiert sie dennoch weiter. ... Die Quantentheorie sagt uns jedoch etwas ganz anderes: Sie behauptet, daß, wenn wir diese Blume genau genug, das heißt auf der Ebene der Atome beobachten, ihre ... Existenz eng mit der Art und Weise verbunden ist, wie wir sie beobachten."*

In der konservativen, klassischen Sicht erscheint die Materie solider und stabiler als der Geist. In der Quantenphysik besteht die Materie aus Prozessen und ist vom Geist abhängig. Es ist der Geist die Substanz, Material ist nicht vorhanden.

Daraus ergibt sich die hypothetische Frage: **Sollte denn Gott das Universum überhaupt als materielles Gebilde er-**

**schaffen haben, oder ist seine materielle Existenz nur aufgrund der Art unserer Wahrnehmung gegenwärtig?**

Reflektieren wir aus unserer Erfahrung, so erkennen wir, dass jeder in *der* Technologie gerne am obersten Niveau arbeitet, in der er kompetent ist. Eine Betonbaufirma wird eine Brücke immer aus Beton herstellen, eine Stahlbaufirma immer aus Stahl und ein Zimmermann einen Steg aus Holzbalken. Desgleichen wird ein Metallbetrieb eine Flugzeugzelle aus Metallen bauen, ein Holz verarbeitender Betrieb aus Holzprodukten und ein Kunststoff verarbeitender Betrieb wird die Vorteile der Faser-Harz-Kombination an wichtigen Bauteilen anwenden.

**Warum sollte dann Gott, der nicht nur durch den Geist wirkt, sondern selber Geist ist** (Joh. 4/24), **mit Material arbeiten?**

Würde es denn für einen immateriellen Gott nicht schon genügen, wenn Er uns ein sinnliches Empfinden und ein entsprechendes Bewusstsein gegeben hätte, das nur in unserer Vorstellung eine materielle Welt manifestiert die wir für wirklich halten – ähnlich einem Traum, in dem wir die geträumte Handlung als real empfinden – sodass eben alles tatsächlich eine Konstruktion unseres Denkens ist; wie es Dürr formuliert.

Es zeigt sich allmählich immer deutlicher: Wir wurden in eine Situation gestellt, in der der Positivismus *logisch* – und als die einzig mögliche Existenzform erscheint. Der Zweck dieser Täuschung ermöglicht einen Lernvorgang, der darin besteht: unter irdischen Bedingungen die positivistische Logik ad absurdum zu führen und damit geistiges Wachstum zu erreichen, im Sinne der geistigen Evolution nach Teilhard de Chardin. Bei H. Schucman heißt es: „Der wirkliche Sinn und Zweck dieser Welt ist, dass sie zur Berichtigung deines Unglaubens genutzt wird."

Es wird heute angenommen, dass unmittelbar nach dem Urknall in der Tat zuerst nichts anderes vorhanden war als Quarks (Quarks sind keine materiellen Objekte im klassischen Sinne) und Elektronen, später Gluonen, Protonen und Neutronen, also Elementarteilchen, die aber keinesfalls materiell sind. Geschaffen wurde nur Immaterielles, aber niemals Materielles. Kurz später (3 min. nach dem Urknall) bildeten sich aus den Elementarteilchen die Atomkerne, überwiegend Wasserstoff und Helium (F. Grotelüschen) die wir – nachdem wir ca. 15 Milliarden Jahre danach die Bühne betreten – aufgrund unserer speziellen und eingeschränkten Wahrnehmung der Sinne, für Materie halten, aber nur deshalb, weil uns der Sensor für das Immaterielle fehlt. Jedoch im Zuge einer schöpferischen Evolution wurde uns eine Welt präsentiert, die erst *zusammen* mit den Möglichkeiten unserer Betrachtungsweise zu dem wird, wie wir sie wahrnehmen.
Die obige Hypothese zur Schöpfung muss nicht unumstößlich und im Detail absolut richtig sein. Absolut falsch ist sie aber keinesfalls, weil sie die physikalischen Erkenntnisse mit der immateriellen Wirklichkeit verbindet, im Gegensatz zu den fundamentalistischen Vorstellungen der Kreationisten, die den physikalischen Erkenntnissen unvereinbar gegenüber stehen.

Die Deutungen der Quantenphilosophie sind Versuch und Beispiel, in der ganzheitlichen Welt zwischen dem Physikalischen und dem Geistlichen eine Verbindung herzustellen, die die Diskrepanzen der Weltanschauungen überwindet. Denn heute kann bereits davon ausgegangen werden: einseitig gewichtete Positionen werden der Wahrheit nie gerecht, selbst nicht *die* biblischen Interpretationen, die sich in die naturwissenschaftlichen Gegebenheiten nicht widerspruchsfrei einfügen lassen.

Von der Zeit und dem Raum wissen wir bereits, dass sie nur in unserem gewohnten Denk-System ihre uns vertraute Gültigkeit haben.
Die physikalischen Gesetze selber stammen sowieso nicht aus dem materiellen Bereich, sondern von einer intelligenten Planungsinstanz, die wir in ihrer Genialität, Schöpfung zu kreieren, nicht annähernd beurteilen können. Denken wir nur an den biologischen Tatbestand, dass jede Zelle am menschlichen Körper wie ein kompliziertes Chemiewerk arbeitet, und in jeder dieser unscheinbaren Zellen steckt u. a. das Molekül der DNS-Doppelhelix mit über 3 Milliarden Informationen, in denen die gesamte Anatomie eines Menschen festgelegt ist.

Das Bewusstsein bedient sich zu seiner Information der eingeschränkten Wahrnehmung durch die Sinne. Darum ist die physikalische Realität der klassischen Art, die über die fünf Sinne definiert wird, eine Fiktion. *"Die Welt die wir sehen, ist nicht die Welt, in der wir leben."*

Dass wir von den Sinnen wirklich getäuscht werden, erfahren wir schon durch die klassische Physik. Sie klärt bereits den Irrtum über die wahrgenommenen Farben und Töne auf. Die Welt, die erst in unserem Gehirn farbig und laut empfunden wird, ist in Wirklichkeit, also ohne uns, farblos und lautlos.

Dass ein Klavierspieler auf dem Mond nichts von seinem Spiel hören kann, auch nicht, wenn er noch so heftig in die Tasten haut, das können wir noch verstehen, weil die Schwingungen der Klaviersaiten keine Luftmoleküle anstoßen, die ihrerseits durch Resonanz die „Mechanik" im menschlichen Ohr bewegt, um über den Gehörnerv im Gehirn den Ton zu erzeugen. Aber dass die „feste" Materie nur aus Form besteht, jedoch ohne Substanz ist, übersteigt die Kapazität unseres Verstandes vollkommen. Und doch wissen wir heute durch die Quantenphysik, dass das für uns Unverständliche die Wirklichkeit ist, aber nicht das Sichtbare oder Be-greifbare, das ist die Illusion.

Selbst die Form der Atome ist nicht so, wie sie in Modellen dargestellt wird. Das Bohr`sche Atommodell zeigt kugelförmige Elektronen, die um einen massiven, Raum füllenden Kern kreisen. Doch die Elektronen sind weder kugelförmig, noch ist der Kern massiv und raumfüllend. Als konkrete Gebilde in welcher Form auch immer sind sie immer falsch dargestellt. L. Schäfer schreibt (4; S. 221):

> „Die Abbildungen von atomaren oder molekularen Wellenfunktionen, die man in Lehrbüchern findet, sind mathematische Konstruktionen und hängen von der Wahl der Darstellungsmethode ab. ... Trotzdem glau-

25

*ben die meisten Studenten, dass die Atome genau so aussehen wie sie gezeichnet werden. Man sollte aber Heisenbergs Mahnung beherzigen: **Man soll sich über Atome keine bildlichen Vorstellungen machen.**"*

Die moderne Physik und die Evangelien beziehen sich auf eine Wirklichkeit, die nicht über die sinnliche Wahrnehmung und den Verstand zu begreifen ist, sondern die nur über das geistige Verständnis auf dem Wege der Intuition gewährt wird.

Welches Potential an Wirklichkeitsverständnis befindet sich dann noch in unserem Bewusstsein? Wenn wir dieses Realitätsdefizit einmal überdenken, sind wir irritiert, denn wir vertrauen gewöhnlich einer gigantischen Täuschung, die durch die Sinne und den Verstand verursacht wird.

C. G. Jung gibt uns aus der Psychologie den Hinweis, dass die Wirklichkeit eher über das Unbewusste, den inneren Menschen zu erkennen ist (1).

> *„Die Tendenz ... geht dahin, das Verständnis von Ichbewusstsein und Unbewusstem geradezu umzukehren und das Unbewusste als Erzeuger der empirischen Person darzustellen. **Die Umkehrung weist darauf hin, dass ... unsere unbewusste Existenz die wirkliche ist und unsere Bewusstseinswelt eine Art Illusion oder eine scheinbare, zu einem bestimmten Zweck hergestellte Wirklichkeit darstellt**, etwa wie ein Traum, der auch solange wirklich zu sein scheint, als man sich darin befindet."*

Die positivistische, die verstandesmäßig fundierte Vernunft, die Ratio, wirkt – um die Wirklichkeit zu erkennen – kontraproduktiv. Weiter heißt es bei Jung:

> *„Je mehr die kritische Vernunft vorwaltet, desto ärmer wird das Leben: aber je mehr Unbewusstes ... wir bewusst zu machen vermögen, desto mehr Leben integrieren wir."*

Es wäre ein bedeutender Schritt der Evolution, wenn wir das verstehen könnten, was wir durch die Quantenphysik bereits theoretisch zur Kenntnis nehmen. Nämlich, dass uns Sinne und Verstand in einer Traumwelt herumführen. Wir würden durch dieses Verständnis menschlich in eine höhere Ebene eintreten, die uns in die Lage versetzt einen grundlegenden Aspekt der Transzendenz verinnerlichen zu können.

> *„Wir sind an der Schwelle Transzendentes aufzunehmen, das wir aber noch nicht verstehen."* (Teilhard de Chardin).

Die Geistigkeit der Welt kann für uns, wenn wir die Aussagen der modernen Physik reflektieren, bis zu einem gewissen Maß offensichtlich werden; zumindest in der Mathematik und im Experiment (Doppelspalt-Versuch). Wir dürfen dabei nur nicht die Sinne und den Verstand befragen, die können nicht anders, als uns die Welt auf ihre eigene, spezielle Weise zu präsentieren.

Wenn uns die Quantenphysik sagt, dass es diese Welt nicht gibt, versuchen wir es hinzunehmen, obwohl wir es nicht verstehen. Die Seele, der innere Mensch, weiß schon um die transzendente Wirklichkeit. Es gilt also „nur" gegen die Darstellung der Sinne anzutreten, von denen wir ja schon wissen, dass sie uns die wirklichen Informationen nicht geben können. Wenn wir ihre Fehlmeldungen durchschauen, können wir unser Bewusstsein ändern und einen Schritt in der Evolution vollziehen.

Wir stehen jetzt tatsächlich an einem bedeutenden Punkt der Erkenntnis. Um diese Schwelle zu überwinden, bedürfen wir eines neuen Verständnisses, das andere Entscheidungen erlaubt. In unser Denken und Sorgen, das allein dem äußeren Menschen gilt, muss der innere Mensch mit einbezogen werden. Das bringt den Menschen in seiner Ganzheitlichkeit, so wie er wirklich ist, ins Bewusstsein. Eine Abspaltung naturwissenschaftlicher Erkenntnisse von christlichen Glaubenswahrheiten vorzunehmen, ist eine Theorie ohne Zukunft, betonte Maxwell (7; S.7):

> *„Ich glaube, dass Wissenschaftler, ebenso wie andere Menschen, es nötig haben, von Christus zu lernen, und ich bin der Meinung, dass Christen, die wissenschaftlich denken, verpflichtet sind, Naturwissenschaft zu studieren, damit ihre Vorstellung von der Herrlichkeit Gottes ... ausgeweitet wird."*

Die Physik beginnt im Positivismus. Über die Quantenphilosophie führt Sie den Denker bis zur Metaphysik, ohne das Misstrauen von Skeptikern über Gebühr zu strapazieren.

Allein die Verinnerlichung dessen, dass der Geist lebendig macht und die Materie dabei sekundär davon betroffen ist, bringt ein veraltetes Weltbild ins Wanken.

## 3.1 Wellen / Teilchen – Dualismus und Wirklichkeit

Zu Beginn des 20. Jhs. beschäftigte sich die Physik mit einem Phänomen, das, als es einmal erkannt war, der menschlichen Vernunft völlig widersprach und das auch heute noch für den Verstand nicht zu begreifen ist. Es ist die Tatsache, dass beim Experimentieren mit Licht die kleinsten Lichteinheiten (Photonen) nicht nur Wellen-, sondern auch Teilcheneigenschaften aufweisen. Was sie in Wirklichkeit sind, übersteigt die menschliche Erkenntnisfähigkeit. Trotzdem drängt sich immer wieder die Frage auf: Besteht ein Lichtstrahl aus Wellen, oder besteht er aus einer Menge von Teilchen, und was ist die Ursache, wenn Wellen zu Teilchen kollabieren, die aber schließlich doch keine Teilchen im Sinne von separaten Objekten sind.

Zunächst entspricht es unserem Empfinden das Licht als Welle zu sehen, von dem wir uns beispielsweise bestrahlen lassen können (Sonnenlicht, infrarote Strahlung, Röntgenstrahlung etc.). Da geht es um Wellenlänge, Amplitude und Frequenz der Strahlung; das sind typische Wellenmerkmale, denn dann ist Licht eine elektromagnetische Welle. In dem kleinen Bereich von $10^{14}$ bis $10^{15}$ Schwingungen pro Sekunde (Frequenz) ist elektromagnetische Strahlung als Licht für das menschliche Auge wahrnehmbar, im Gegensatz zu anderen elektromagnetischen Strahlungen, wie den Rundfunkwellen, die relativ langwellig sind und sich in einem Frequenzbereich von etwa $10^{6}$ befinden, oder der sehr kurzwelligen Gammastrahlung mit etwa $10^{26}$ Schwingungen pro Sekunde. Aus dem Wellenverhalten ist zu schließen, dass Lichtwellen sich ähnlich wie Wasserwellen fortbewegen (Experiment von Thomas Young 1801).

Doch W. Hallwachs (1859 – 1922) machte eine bedeutende und folgenreiche Entdeckung, schreibt R. Knerr (42; S.427):

> *„Wenn ein Lichtquant (Photon) bei einem Stoß mit einem gebundenen Elektron diesem seine ganze Energie überträgt ... so nennt man diesen Vorgang Photoeffekt."*

Praktisch bedeutet das, dass durch Photonen aus einem metallischen Untergrund Elektronen herausgeschlagen werden, d. h. sie hinterlassen je nach ihrer Energie unterschiedliche Einkerbungen. Das kann sich aber nur ereignen, wenn diese Photonen sich nicht wie Wellen, sondern wie Teilchen verhalten. Technisch wird dieser Vorgang mit dem sichtbaren Licht, aber auch mit Röntgen- und Gammastrahlen an Photozellen genutzt, um Konturen abzubilden.

R. Knerr ergänzt weiter: (42; S.247)

> *„Die Folgen der Entdeckung des Photoeffekts ... für die Physik waren gewaltig: Die bis dahin unangefochtene Wellentheorie des Lichtes erwies sich als nicht mehr haltbar. Der Photoeffekt ist ein eindeutiger Beweis, für die Existenz von Lichtteilchen, den Lichtquanten oder Photonen."*

Die Verwirrung, ob Licht aus Wellen oder Teilchen besteht, war zunächst groß. Die Quantenphysik konnte im ersten Drittel des 20. Jhs. diese Verwirrung zwar nicht verständlich klären, doch hinreichend klassifizieren.

R. Knerr drückt das wie folgt aus (42; S.440):

> *„Das Licht ist beides, sowohl Teilchen als auch Welle.*
> *Dieser Dualismus besteht überdies nicht nur für das Licht. Jedes 'materielle' Teilchen kann sich wie eine Welle verhalten, wenn man es nur einem entsprechenden Experiment unterwirft."*

Der Doppelspaltversuch ist ein geeignetes Experiment den Dualismus eines Photons aufzuzeigen, in dem es der Experimentator als Welle, aber auch als Teilchen erscheinen lässt. Dieses Experiment ist der grundlegende Versuch der Quantentheorie.

Wird bei der Beschreibung der Versuchsanordnung nur das Wesentliche erwähnt, so ist eine Platte mit zwei nebeneinander liegenden Schlitzen (Spalt 1 und Spalt 2) erforderlich und hinter der Platte ein Schirm für Aufzeichnungen.

Beim **ersten Versuch** wird Spalt 2 abgeklebt, aber durch den Spalt 1 wird ein Photon durchgelassen, das von einer weit entfernten Sonne (Stern) kommt. Nachdem das Photon den Spalt 1 passiert hat, schlägt es auf dem Schirm hinter der Platte eine Markierung in die Oberfläche. Der Schirm ist ähnlich einem Photopapier aufgebaut und es entsteht der oben erwähnte Photoeffekt. Das Photon verhält sich also wie ein Teilchen.

Beim **zweiten Versuch** wird die Maskierung von Spalt 2 entfernt und es stellt sich jetzt die Frage, durch welchen Spalt wird das nächste Photon durchgehen: durch Spalt 1 oder durch Spalt 2? Der verblüffte Betrachter muss zur Kenntnis nehmen: das neue Photon geht durch beide Spalte, so wie das nur eine Welle kann. Zusätzlich zeigt sich am Schirm ein Muster (Interferenzmuster), das nur von Wellen erzeugt wird. Das bestätigt: das Photon verhält sich jetzt wie eine Welle.

**Fazit:** Die Frage, ob ein Photon, ohne den Eingriff eines Physikers grundsätzlich, eine Welle oder ein Teilchen ist, ist nicht zu beantworten. Es ist eher beides. Je nach den Bedingungen die es vorfindet, verhält es sich einmal als Welle und ein anderes Mal als Teilchen. Erstaunlich dabei ist, dass das einzelne Photon weiß, ob es einen oder zwei Spalte vorfindet. Die *Wirklichkeit* der Strahlungsstruktur ist also für den Betrachter nie eindeutig.

Noch mysteriöser erscheint ein **weiteres Phänomen**. Wenn bei dem o. a. zweiten Versuch die Bahn des Photons vom Experimentator verfolgt wird, dann kollabiert die Welle als Folge der Beobachtung sofort wieder zum Teilchen.

Das System reagiert also auf den Betrachter, der dadurch nicht mehr Außenstehender bleibt, sondern zum Teilnehmer am Vorgang wird. Das ist ein Ablauf, der sich im klassischen Sinne nicht erklären lässt. Teilhard de Chardin, aber auch so mancher Interpret der Quantenphilosophie meint, dass das ganze Universum bis hin zum kleinsten Teilchen einen gewissen Rest von Bewusstsein hat und über Informationen ansprechbar ist. Es ist jedenfalls die revolutionärste Entdeckung, die in der Physik jemals gemacht wurde. Sie ist im Grunde für die Ratio genauso rätselhaft wie die Wunder im Neuen Testament. Zu dem Phänomen des *Teilnehmer-*

*Einflusses* resümiert der christliche Philosoph Jean Guitton (13; S.116):

> *„Daraus schließe ich, daß es kein besseres Beispiel für die wechselseitige Durchdringung von Materie und Geist gibt: Wenn wir versuchen diese Wahrscheinlichkeitswelle zu beobachten, verwandelt sie sich in ein präzises Teilchen; wenn wir sie hingegen nicht beobachten, hält sie sich alle ihre Optionen offen. Das führt zu dem Gedanken, daß das Photon ein Wissen um die Versuchsanordnung zu erkennen gibt, einschließlich dessen, was der Beobachter tut und denkt.“*

Prof. H. P. Dürr meinte dazu in einem Referat 2003 in Berlin:

> *„Zum großen Erstaunen entdeckt man, dass wenn man einem solchen winzigen Teilchen experimentell nachspürt, sich dieses bei einem Experiment tatsächlich wie ein Partikel gebärdet, bei einem andern Experiment aber dann auf einmal sich wie eine Welle verhält. Je nach Messmethode offenbart sich also dasselbe ́Objekt ́ in zwei verschiedenen Erscheinungsformen, die im Rahmen unserer üblichen Objekt-Vorstellungen auf keiner Weise miteinander in Einklang gebracht werden können.*
> *„ ... Alles, was wir durch direkte Beobachtung ... als Wirklichkeit betrachten und in der Naturwissenschaft als (stoffliche) Realität beschreiben, darf in dieser Form nicht mit der dahinter vermuteten ́eigentlichen ́ Wirklichkeit identifiziert werden.“*

Zu einem derart ungewöhnlichen Verhalten der Natur bemerkt der Physiker Grichka Bogdanov (13; S.110):

*„ ... der Erfolg der Quantentheorie besteht darin, daß
sie sich ... gegen die gewöhnliche Vernunft entwickelt
hat. Aus diesem Grunde ist etwas 'Verrücktes' an dieser Theorie, etwas, was die Wissenschaft übersteigt.
Ohne daß wir es noch genau wüssten, steht dabei unsere Vorstellung von der Welt auf dem Spiel, die irre-
versibel umzukippen beginnt:"*

Will der Forscher die Substanz eines Objektes ergründen,
wird er das Objekt in immer kleinere Teile zerlegen und seinen strukturellen Aufbau studieren. Wenn er auf der Ebene
des Atoms angekommen ist, weiß er, aus welchen Elementen
das Material besteht. Will er dann noch bei dem Atom die
Bestandteile betrachten, aus denen es selber zusammengesetzt ist, wird er feststellen, dass da plötzlich kein Material
mehr ist. Weitere Kategorien sind zu finden, aber sie sind
nicht mehr materiell, sondern theoretisch, abstrakt.
H. P. Dürr beschreibt das auf die folgende Weise:

*„Wenn wir die Materie immer weiter auseinander
nehmen, in der Hoffnung die kleinste, ... reine Materie zu finden, bleibt am Ende nichts mehr übrig, was
uns an Materie erinnert. Am Schluss ist kein Stoff
mehr, nur noch Form, ... (und) Beziehung."*

Erstaunlicherweise verschwindet der „Baustoff" bei detail-
lierter Untersuchung am Allerkleinsten. Genauer: es offenbart
sich, er war noch nie vorhanden und ist nur das Ergebnis einer speziellen Art ein Objekt zu betrachten.

Zu den subatomaren Elementen, den Elementarteilchen, die Dürr nicht als Objekte, sondern als *Beziehungen* bezeichnet, schreibt F. Capra (10; S. 285):

> „ *...die Theorien der atomaren und subatomaren Physik* (machten) *die Existenz von Elementar***teilchen** *zunehmend unwahrscheinlicher. Sie enthüllten einen grundsätzlichen Zusammenhang der Materie; sie zeigten, daß Bewegungsenergie in Masse umgewandelt werden kann, und wiesen darauf hin, **daß Teilchen Prozesse, und keine Objekte sind**. All diese Entwicklungen zeigten deutlich, daß wir das einfache mechanistische Bild von den Grundbausteinen aufgeben müssen.* “

Materie aus einem prozessualen Vorgang – anstatt aus Grundbausteinen aufgebaut macht deutlich, dass die subatomare Mikrowelt vollkommen anders beschaffen ist, als die für uns wahrnehmbare Makrowelt. Ausgesprochen sensationell ist die Vorstellung: **diese stofflose Dynamik wird erst bei einer bestimmten Wahrnehmung zum Stoff** – und: die Prozesse sind durch das Bewusstsein beeinflussbar, sie ordnen sich dabei nach einem Prinzip das explizit gar nicht aufgerufen wird (Placeboeffekt). Hier sei auch noch einmal auf den Doppelspaltversuch verwiesen, bei dem die *Welle* nur aufgrund der Messung zum *Teilchen* kollabiert.
**Die Materie ist ein Phänomen, das erst bei einer gewissen vergröberten Betrachtung existiert**, sagt Dürr.
Daraus ist zu schließen, dass es ohne den Betrachter die Erscheinung ´Materie´ nicht gibt. Genauso, wie es ohne „Betrachter" keine Farben und Töne gibt. **Durch diese vergrö-**

**berte Betrachtung entsteht erst die Scheinrealität, in der wir leben.**

Wenn auch nicht jeder diesem Schluss auf Anhieb zustimmen kann, so muss er doch einräumen, dass Materie nicht aus Material besteht, so kurios es auch klingen mag. Das bedeutet: **Geist ist die Substanz, nicht die Materie.**

Unser Handicap ist: Menschen und Tiere haben keine andere Möglichkeit, als die Welt über die Sinne wahrzunehmen, und deshalb leitet der praktisch agierende Mensch, aber auch der rationalistisch denkende Philosoph, aus der alltäglichen Erfahrung die Definition der „Wirklichkeit" ab; sie entspricht seiner Vernunft. „*Wirklichkeit*" und somit Wahrnehmung sind darum eng mit *Deutung* verbunden.

Trotzdem ist für jeden einleuchtend, dass es ohne die subatomare Mikrostruktur eine Makrostruktur nicht geben kann. Es ist also das Mikrogefüge der Wellen- bzw. der Teilchenwelt die Ursache der Makrostruktur, die wir bei der *vergröberten Betrachtung* als Material bezeichnen. **Das ´Material´ ist nur die Wirkung der stofflosen Beziehungen, die in Wirklichkeit die Ursache sind.**

Hinzu kommt noch, dass die Mikrowelt auch vollkommen anders funktioniert als die Makrowelt. Die Welt, die wir sehen, können wir auf die verschiedensten Arten bearbeiten; beispielsweise mechanisch oder chemisch, mit unzähligen Werkzeugen und Hilfsmitteln.

Hingegen kann auf die Mikrowelt durch *beachten* oder *nicht beachten* des Quantenzustands Einfluss genommen werden; er ist quasi unseren Gedanken und Emotionen ausgesetzt. Einen radikaleren Unterschied kann es nicht geben.

In unserem Alltagsverhalten ist es ganz natürlich, dass wir erst *nach* der Wahrnehmung einer Sache uns darüber Gedanken machen.

Es gilt also entsprechend dem klassischen Weltverständnis, in dem die Makrowelt funktioniert: **Das Objekt ist die Ursache**, ihre Wahrnehmung mit der nachfolgenden Deutung der Erscheinung, d. h. **das Denken ist die Wirkung**.

Demgegenüber zeigt das Experiment in der Mikrowelt der Quanten-Physik erstaunlicherweise auf: **das Denken ist die Ursache**, der (Quanten-) Zustand, **das Objekt ist die Wirkung.**

Diese scheinbare, aber doch frappierende Umkehrung der Ursache-Wirkung-Beziehung erklärt den Grund, warum Denken, das ein mentaler Vorgang ist, auf einen Zustand einwirken kann, der physisch ist; und zwar, weil die moderne Physik entdeckt hat: **ein Quantenzustand ist nicht materiell und stabil, sondern er ist ein Prozess, der vom Denken des Betrachters beeinflusst wird.**

Diesen Zusammenhängen kann gar nicht genug Beachtung geschenkt werden, sie stellen das traditionelle Weltbild auf den Kopf. Es bedeutet: der Zustand der Welt ist unserem Denken unterworfen, nicht wie wir gemeinhin annehmen: unser Denken wird durch das Phänomen eines realen Zustands veranlasst und beeinflusst. **Darum kann der Mensch keine wirkungslosen Gedanken haben.** Das unterstreicht ein weiteres Mal den Satz des Physikers H. P. Dürr: *„Die Welt ist eine Konstruktion unseres Denkens."*

Wenn wir unsere Gedanken nicht kontrollieren, sind sie demnach den weltlichen Phänomenen und Eindrücken direkt ausgeliefert und werden von ihnen fortgerissen. Die weltlichen Erscheinungen sind dann die Ursache unserer passiven Denkvorgänge. Doch richtiges, aktives Denken – entsprechend einem christlichen Verständnis im Rahmen eines kraftvollen Prinzips – sollte die Ursache sein, mit dem wir auf unseren Körper, sowie auf unser Umfeld eine positive Wirkung ausüben. Diesem Denken muss allerdings ein wirklichkeitsnahes Gottes- und Menschenbild impliziert sein, in dem Nächstenliebe, Dankbarkeit und der Wille zur Vergebung dominieren. Angst, Neid, Unredlichkeit, Urteilen, schlecht reden, etc. haben ebenso ihre Wirkungen, sie sind die Ursachen unserer Leiden. Wenn Gedanken mit dem Bewusstsein identisch sind, werden sie für wirklich gehalten, unabhängig davon, ob sie mit der eigentlichen Wirklichkeit übereinstimmen; dann haben diese Gedanken Folgen für den, der sie denkt, denn es „zieht" der Geist den Köper mit.

Es kann also nichts in der Welt neutral gesehen werden, weil wir keine neutralen Gedanken denken können. Wir konstruieren mit ihnen direkt, als auch indirekt die Welt, die wir erleben. Mit unseren Gedanken beziehen wir immer eine Position, die mit Freude oder Ärger die Mikrostruktur eines Lebewesens beeinflusst.

Mit Pflanzen konnte ich einmal die folgende Erfahrung machen:

> Meine Frau bekam anlässlich eines Besuches von einem Gast zwei wunderschöne Topfpflanzen geschenkt, die sie über Jahre hinweg immer wieder zum Blühen brachte. Weil sich bei der Geschenkübergabe durch den Gast ein Fauxpas ereignete, hat-

te ich zu diesen Pflanzen eher eine distanzierte Beziehung.

Als meine Frau einmal mehrere Monate lang außer Haus war, versorgte ich alle Pflanzen genau nach ihren Anweisungen. Wenn ich zu den zwei o. a. Topfpflanzen kam, dachte ich mir jedes Mal: „und euch mag ich nicht." Ich wurde immer wieder an den Vorfall erinnert, den ich jedes Mal von neuem als Taktlosigkeit des Gastes empfand. Es dauerte nicht sehr lange, da wurden beide Gewächse, im Gegensatz zu den anderen, immer kümmerlicher. Eines von den beiden ging trotz vorschriftsmäßiger Versorgung sogar kaputt. Das andere konnte meine Frau nach ihrer Rückkehr mit der ganz normalen Pflegearbeit gerade noch retten.

Ein Jahr später empfand ich meine Abneigung gegenüber der unschuldigen Pflanze als geradezu absurd. Jeden Tag, an dem ich im Frühjahr mit der Gießkanne bei ihr vorbeikam, bedauerte ich mein Verhalten und freute mich über ihre schönen Blüten. Durch den folgenden Sommer hindurch blühte und wuchs sie dann auffallend kräftig, wie nie zuvor.

Wie der Doppelspaltversuch zeigt, ist mit dem Denken jede Struktur zu beeinflussen. Mit meinen Gedanken, die damals sehr emotionell waren, konnte ich anscheinend auf die Mikrostruktur der Pflanzen Einfluss nehmen. Emotionelles Denken zeigte bereits eine ausreichende Reaktion, die eine Veränderung nach sich zog. Mit ihnen reden (wie oft angenommen wird) hätte nicht mehr bewirken können, weil Pflanzen mit keinem Gehörnerv ausgestattet sind.

**Die Veränderung der Mikrostruktur** (die mit der Makrostruktur identisch ist) **hat zwangsläufig die Veränderung**

**der Makrostruktur zur Folge.** Letztere besteht aus der ersteren, sie ist die *wahrnehmbare* Wirkung. Ein Beispiel von einem Objekt und seinem Schatten kann den Zusammenhang von Ursache und Wirkung verdeutlichen.

> Ein Gegenstand ist die *Ursache* seines eigenen Schattens (abgesehen vom Licht). Der Schatten ist die *Wirkung* des Gegenstands. An der *Wirkung* selber ist nichts veränderbar. Veränderbar ist nur der Gegenstand, d. h. die *Ursache.* Die *Wirkung* ändert sich dann ganz natürlich von selbst. Trotzdem könnte der Schatten auch ohne den Gegenstand künstlich und gezielt verändert werden, wenn seine Projektionsfläche aufwendig verformt wird (z. B. konvex oder konkav verformte Projektionsfläche). Dann ist der Schatten aber nicht mehr die natürliche Abbildung des Gegenstandes, sondern die Folge eines unnatürlichen Eingriffs an der Projektionsfläche. Einfacher ist es daher, bei einer gewünschten Änderung der *Wirkung,* den Gegenstand, d. h. die *Ursache* zu ändern.

Das bedeutet: Wenn wir es verstehen, die Mikrowelt gezielt zu verändern, die immer die Ursache ist, können wir dadurch auf die Makrowelt, die die Wirkung ist, Einfluss nehmen.

Schon im 18. Jh. versuchte der Bischof George Berkeley die These zu erklären, dass *das Sein der Dinge darin besteht, wahrgenommen zu werden.* Das ist ein revolutionärer Gedanke, der eine totale Änderung der klassischen Weltsicht beansprucht. Lothar Schäfer erläutert Berkeleys These (4; S.50):

> *„In Berkeleys Philosophie existieren die Dinge nur, wenn sie von einem Bewusstsein wahrgenommen*

*werden. Was nicht in einem wahrnehmenden Geist ist, verschwindet aus der Wirklichkeit. **Nur der Geist und seine Ideen sind wirklich in der Welt.** Außerhalb des Geistes gibt es keine Wirklichkeit.*

*Dieser Theorie zufolge besteht die Welt lediglich aus Ideen und aus Geist oder Bewusstsein. Materie gibt es nicht! ... Körperliche Dinge, so behauptet Berkeley, bestehen nicht aus Materie, sondern sind komplexe Gebilde von Empfindungen oder Vorstellungen in jemandes Bewusstsein. Sie existieren dadurch, dass sie wahrgenommen werden."*

Damit traf Berkeley die heutigen Vorstellungen der Quantenphysik, nämlich: *Die Materie ist ein Phänomen, das erst bei einer gewissen vergröberten Betrachtung existiert*, die unsere vergegenständlichende Denkweise hervorruft, bei der die Dinge als fest erscheinen, das sie aber in Wirklichkeit nicht sind.

L. Schäfer erklärt die Aktualität der Aussage Berkeleys aus Schrödingers Wellenmechanik:

*„Die Eigenschaften eines Systems* (Quantensystems) *z. B. seine Energie, werden durch eine Operation an der Wellenfunktion aus dieser hervorgerufen. Das heißt, dass die Wellenfunktion oder das System diese Eigenschaft eigentlich nicht besitzt. Ein beobachtetes Attribut ist nicht so sehr ein Attribut eines physikalischen Systems, sondern eine quantitative Reaktion auf die Operation, die an ihm ausgeführt wird. In diesem Sinn sind **dynamische Attribute Geschöpfe von Messungen**, während die Quantenwellen selbst leer sind und weder Energie noch Masse in sich tragen. Auf diese bemerkenswerte Weise haben die Quantenphä-*

nomene Berkeleys merkwürdige Thesen wiederbe-
lebt."

Weil die Eigenschaften eines physikalischen Systems *Geschöpfe von Messungen* sind oder ihre Wirkungen, haben sie vor der Messung andere Eigenschaften als bei der Messung (Beobachtung). Dazu erläutert L. Schäfer:

> *„Man kann daher sagen, dass Elementarteilchen nicht richtig wirklich sind, wenn sie nicht beobachtet werden, **sondern dass die Wirklichkeit durch Beobachtung erschaffen wird.**"*

Schließlich kann gefolgert werden: Der Experimentator (Beobachter) erschafft die *aktuelle Quantenwirklichkeit* durch *Beachten* des Quantenzustands. **Beachten** an sich **ist die Ursache, die eine Wirkung in der sichtbaren Welt manifestiert**; sie ist vom Einfluss des Experimentators abhängig. *Unbeachtet* ist die „Wirklichkeit" anders.

**Quantenzustand und Experimentator bilden eine Einheit**, sie sind nicht von einander trennbar. F. Capra verwendet für *Einheit*, die für den Quantenzustand existentiell ist, den Begriff *Verwobenheit* (10; S.141).

> *„In der östlichen Mystik schließt (die) universelle Verwobenheit immer den menschlichen Beobachter und dessen Bewusstsein mit ein, und das gleiche gilt in der Atomphysik. ... Messungen sind Vorgänge die in unserem Bewusstsein Empfindungen hervorrufen. ... Heisenberg schreibt: 'Die Naturwissenschaft beschreibt und erklärt die Natur nicht einfach so, wie sie*

*an sich ist. Sie ist vielmehr ein Teil des Wechselspiels zwischen der Natur und uns selbst´ ...*

**In der Atomphysik können wir nicht von den Eigenschaften eines Objekts als solchem sprechen. Sie sind nur im Zusammenhang mit der Wechselwirkung des Objekts mit dem Beobachter von Bedeutung.** *"*

**Durch die *universelle Verwobenheit* entsteht über die Wechselwirkung mit dem Bewusstsein *der* Quantenzustand, der die Mikrostruktur bildet.**

In einer hypothetischen Schlussfolgerung möchte ich zum Ausdruck bringen, dass Parallelen zum menschlichen Sein bezüglich Denken und Körperlichkeit bestehen. Bei psychosomatischen Wechselwirkungen kann bereits der Laie erkennen, welchen Einfluss Emotionen wie Liebe, Freude, Angst oder Hass auf die körperliche Konstitution ausüben. Emotionen sind die *Ursache*, die physische Ausprägung ist die *Wirkung*. Unser Zustand wird also nicht von außen an uns herangetragen, sondern wird in unserem Geist initiiert. „Krankheit des Geistes erwächst aus einem Leben im Zwist mit der Ordnung der Wirklichkeit", schreibt L. Schäfer (4; S. 149).

Durch unser Denken bzw. unser Bewusstsein, das Emotionen erzeugt, nehmen wir Einfluss auf unseren sichtbaren körperlichen Zustand. Zwar nicht direkt, denn die Makrostruktur, das Äußere, ist für Gedanken direkt nicht zugänglich. Die Wechselwirkungen vollziehen sich über die Mikrostruktur, bei der alles mit allem verwoben ist. Sie ist geistig und nicht als materiell zu sehen. **Die Mikrostruktur ist durch Denken ansprechbar, weil sie selber nur aufgrund von Beziehungen**

**existiert, aber nicht aus Material besteht.** (s. Doppelspalt-versuch). Auf sie kann das Bewusstsein mit Gedanken und Emotionen Einfluss nehmen, sozusagen auf der gleichen Ebene eine Veränderung der Beziehungen erwirken.

Der Psychotherapeut, der analog zur Physik die Funktion des Experimentators und *Beobachters* übernimmt, nimmt Ein-fluss auf die Psyche, die er für die Ursache der psychosomati-schen Störung hält. Das geistig-seelische „Mitnehmen" des Patienten, seine Mitarbeit und die dadurch erreichbare Be-wusstseinsänderung sind für das Gelingen der Besserung un-abdingbar. Keine Bewusstseinsänderung beim Patienten be-deutet: keine Reaktion im Schadensbereich; im Gegensatz zur Verabreichung von chemischen Medikamenten, die immer direkt auf die Makrostruktur der Körperlichkeit wirken, gleichgültig, ob der Patient dafür oder dagegen ist. Medika-mente sind eines der *Hilfsmittel,* mit denen die Makrostruktur von außen her behandelt wird.

Weil die Elementarteilchen keine Objekte, sondern Prozesse sind (Capra), lässt sich durch Empfindungen, die identisch mit dem Bewusstsein sind, ein Einfluss auf diese Prozesse erwirken. Denn die Quantenzustände organisieren sich bei der Betrachtung, sie sind von der Art der Betrachtung abhän-gig (Heisenberg). D. h. sie sind abhängig davon, mit welchen Bewusstseinsinhalten wir ihnen gegenüber treten. Unser per-sönlicher Zustand ist also bestimmt von dem, was wir von uns denken.

Die Psyche und die Welt der Mikrostruktur scheinen auf der gleichen Ebene des Seins zu agieren. Die erlebbare *Wirkung,* die Realität im Äußeren, ist somit abhängig vom seelischen

Empfinden. Psyche und Körper bilden bekanntermaßen eine Einheit. Die Welt der Makrostruktur, das Äußere des Menschen, ist die Projektion der Mikrostruktur, die von der Welt des Inneren bestimmt wird.

Bemerkenswert ist, dass das Zusammenspiel von beiden Welten offensichtlich funktioniert, obwohl die ihnen jeweils eigenen Funktionen durch eine scharfe Trennlinie auseinander zu halten sind und absolut keine Verhaltensähnlichkeit zeigen. Diesseits der Trennlinie gelten die physischen Gesetze der klassischen Physik. Jenseits bestehen die Zusammenhänge des Bewusstseins, des Geistes und der Psyche. Mit den Möglichkeiten der klassischen Naturwissenschaft sind die Prozesse der Psyche nicht zu ergründen; obwohl Neurologen aufgrund der Vorgänge im Gehirn immer wieder versuchen, die Seele und den Geist als Produkt des Gehirns zu erklären. Doch das Gehirn mit seinen messbaren Reaktionen befindet sich, wie alles Messbare, diesseits der Trennlinie, also im physikalischen Bereich. Die Seele können Naturwissenschaftler mit Messen, Zählen, Wiegen im Gehirn nicht finden. In ihrem Sein überschreitet sie die Trennlinie hin zum Äußeren nicht, sie bildet dort nur ihre identischen Projektionen ab. Weil der menschliche Verstand die Funktionen der Mikrostruktur nicht begreift, begreift er auch nicht den Übergang zur Makrostruktur.

Der Einfluss des Bewusstseins auf die Körperlichkeit wird am deutlichsten durch den Placeboeffekt nachgewiesen. Wenn ein Pseudo-Medikament einem echten Medikament im Äußeren gleicht, ohne dessen Wirkstoffe zu enthalten, trotzdem aber die erwartete Wirkung hervorruft, liegt die Ursache der Wirkung beim Patienten, dessen Bewusstsein von dem vermeintlichen Effekt überzeugt ist. Die Wirkung ist also keine chemische wie angenommen, sondern eine psychische.

Die Medizin-Psychologin Dr. Karin Meissner von der Universität München redet vom nachweisbaren Effekt der Placebos, mit denen gezielt und messbar auf Organe Einfluss genommen wird. (Quelle: TV-Sendung)

**Das Bewusstsein allein** (die Annahme der Medikamentenwirksamkeit) **löst die Stimulation an der subatomaren Mikrostruktur aus, denn andere Ursachen sind nicht vorhanden**. Eine formbildende (morphogenetische) Wirkung an der Mikrostruktur wird dadurch in Funktion gesetzt. Die materielle Makrostruktur – die Struktur der vergröberten Wahrnehmung, die eine Projektion der Mikrostruktur ist – reflektiert den Zustand, der dabei in Erwartung gedacht oder auch mit Begeisterung erwartet wurde. Der Placeboeffekt ist der medizin-psychologische Nachweis, dass das Denken auf den materiellen Körper Einfluss nimmt.

Rupert Sheldrake, der die morphogenetischen Felder erforscht, sagt zur Wechselwirkung mit der Materie (43; S.128):

> „ ... die Materie gilt nicht mehr als die allem zugrunde liegende Realität. Materie selbst wird jetzt als in Feldern eingebundene Energie beschrieben. Felder entstehen nicht durch Materie, **Materie entsteht durch Felder**. Felder sind in der modernen Physik grundlegender als Materie. Und was sind Felder? Nun es sind, ... räumliche und zeitliche Einflussgebiete.“

Weil das Denken keinen direkten Einfluss auf die Materie hat, sondern allein auf die subatomare Welt wirkt, ist Heilung durch die Veränderung des Bewusstseins ein ganzheitlicher Prozess; die Psyche oder im christlichen Sinn die Seele ist dadurch mit einbezogen. Im Gegensatz zur Einseitigkeit eines chemischen oder mechanischen Verfahrens der Naturwissenschaft, das am *inneren Menschen* primär vorbei läuft.

Im Klinikum Nürnberg werden mit Unterstützung der Deutschen Krebshilfe *Spontanheilungen* überprüft, Heilungen ohne wissenschaftlich anerkannte Erklärung. Der Onkologe Dr. Markus Horneber benennt gegenüber dem Fernsehen: *Heilung als innere Wandlung, als seelische Kräfte, die Prozesse im Körper anregen, die eine Krebserkrankung beeinflussen. Es geschieht etwas Wunderbares, für das wir keine Erklärung haben.*
Dr. Horneber gibt als Naturwissenschaftler zu bedenken: *„Das tiefste innere Selbst finden schafft vielleicht die Voraussetzungen, dass solche Dinge geschehen. "*

Wie hilfreich wäre es für Mediziner und Patienten, wenn sich auch die Theologen, die neben den Psychologen die Experten für Seelenzustände sind, zu dem Thema *Spontanheilung* unter diesen Aspekten Gedanken machen würden und zu einer Übereinstimmung mit der Medizin fänden – und zur Klärung der von der Medizin aufgeworfenen Fragen beitragen könnten.

Christa Spannbauer / Holzkirchen, Benediktushof, fragt bei einer ganzheitlichen Betrachtung des Menschen nach den tiefer liegenden Ursachen, die sich in ihrer Wirkung als Krankheiten offenbaren:

> *„Die neue Medizin sieht den Menschen als komplexes Wesen, dessen Körper, Gedanken und Gefühle auf das Engste miteinander verwoben sind und ineinander wirken. Der Körper wird nicht länger als feste Materie wahrgenommen, sondern vielmehr als ein Feld an Informationen, das wir durch unsere Gedanken, Gefühle und Erfahrungen beeinflussen und gestalten. Wir müssen folglich davon ausgehen, dass jeder Heilungsprozess durch unser mentales und emotionales Bewusstsein gefördert oder auch behindert wird. Daher sind wir alle dazu aufgerufen, achtsam mit den eigenen Gefühlen und Gedanken und behutsam mit den Gefühlen anderer Menschen umzugehen.*
> *... Woran wir Menschen erkranken, ist unser Gefühl des Getrenntseins. Wir fühlen uns getrennt voneinander, getrennt vom Universum, getrennt vom Göttlichen. Dabei lehren uns doch die spirituellen Wege ebenso wie die Erkenntnisse der Quantenphysik, dass wir selbst teilhaben an der kosmischen Intelligenz, die alles durchwaltet und in dem alle Möglichkeiten enthalten sind.“*

Der Körper als feste Materie kann durch die Medizin glücklicherweise optimal „repariert" werden, doch der Mensch ist deswegen nicht unbedingt geheilt. Ein Eingriff in den Organismus bezweckt eine mehr oder weniger aufwendige Annäherung an den Idealzustand von außen her. Das bleibt aber eine Änderung an der *Wirkung* und nicht an der *Ursache*; ähnlich dem obigen Beispiel, bei dem die Veränderung des Schattens durch eine aufwendige Manipulation der Projektionsfläche erzeugt werden kann. Die Ursache des Schattens, das Objekt selber, bleibt unverändert.

Die Behandlung der Ursache – sie ist im Wesen des Menschen verborgen und offenbart sich in den bewussten und unbewussten Erlebens- und Verhaltensweisen – wird auf den Heilungsprozess von innen her Einfluss nehmen. Gelungene Veränderungen der Psyche, wenn sie die Ursache der Krankheit sind, verändern die „Wirklichkeit" der Körperlichkeit mühelos.

Eine rein auf naturwissenschaftliche Wahrnehmung begrenzte Existenz von Lebewesen kann es deshalb nicht geben. Rationaler Lebensvollzug und Seelenleben sind untrennbar. Wir müssen lernen über das Bild, das uns die fünf Sinne liefern, hinaus zu denken, in die nicht sichtbare Wirklichkeit hinein, und die Welt als Projektion unseres Wirklichkeitsverständnisses zu relativieren, sie nicht als absolut zu sehen, denn das ist Positivismus. Stimmungen, die in unser Innerstes unbemerkt vordringen, verändern unser Bewusstsein, das Einfluss auf die subatomare Struktur nimmt, sie haben eine ganzheitliche Wirkung. Wenn so, wie vielfach befürchtet, bei negativer Gesinnung Krankheiten entstehen, muss auf dem gleichen Wege mit positiven Gedanken auch Heilung gelingen. Dazu kann die Religion hilfreich sein, wenn sie die Liebe und den Geist als die bedeutendsten Attribute Gottes herausstellt.

Religion mag Privatsache sein, wie Essen und Trinken; für jeden Einzelnen ist sie aber unverzichtbar, wie Essen und Trinken. Nur in einem Teilaspekt der Wirklichkeit, dem Positivismus, wird der Anschein erweckt, es ginge auch ohne sie. Doch genau dieser Teilaspekt ist die Illusion der *vergröberten*

*Wahrnehmung,* den allein die vergegenständlichende Denkweise erzeugt und der dann noch vom Ego als die absolute Wirklichkeit gedeutet wird. Das Ego betrachtet Religiöses als Geschichten aus einer Märchenwelt und doch weiß jeder, Religion ist der einzige Weg, um der Raserei der Welt zu entkommen.

Der Professor für angewandte Quantenchemie, Lothar Schäfer, dehnt die Wirklichkeit des nicht auftrennbaren Seins über unsere irdische Existenz hinaus aus (15). Er redet von der *versteckten Wirklichkeit,* die durch unsere Sinne nicht wahrgenommen wird und mit dem Verstand nicht zu begreifen ist; dies ist auch der Bereich, dem die von Gott geschaffene menschliche Seele zuzuordnen ist:

> *„Die Botschaft der modernen Physik ist die, dass die Wirklichkeit an ihren Grenzen nicht im Nichts verklingt, sondern im Bereich des Metaphysischen."* (S. 65)

> *„In der Quantenwirklichkeit erhält das Geistige ohne Anstrengung Einlass in die Welt der Materie und tritt mit ihr in Wechselwirkung."* (S. 66)

> *„Wechselwirkungen zwischen Geist und Körper sind von einer Art, ... für die in der materialistischen Ordnung der klassischen Physik kein Platz war. In der Quantenwelt sind solche Wechselwirkungen naturgegeben ..."* (S. 119)

> *„In den Quantenphänomenen wird Geist zu Materie ... Geist, nicht Materie, erscheint als das Fundament der Wirklichkeit ..."* (S. 150)

*„Es ist vielleicht der erstaunlichste Aspekt der Quantenphänomene, dass die Wirklichkeit auf allen ihren Ebenen vom Geist durchdrungen ist ...“* (S. 296)

*„Alle Materie ist in ihrem Wesen schwingende Energie, und die Gedanken üben in diesem Meer von Schwingungen steuernde Funktionen aus.“* (R. Gensetter)

*„Die Wirklichkeit kann nicht erkannt werden, weil sie sich durch das Hinschauen verändert und eine andere ist als vor der Beobachtung. Es sind viele Quantenzustände vorhanden, die sich bei der Betrachtung zu einem einzigen Zustand organisieren.“* (W. Heisenberg)

*„Die Mystik hat ihren Grund in einer Einheitserfahrung, in der die Grenze von Gott und der Welt aufgelöst ist.“* (W. Jäger)

*„Der Stoff aller Dinge, ihr letztes Substrat ist nicht materiell, sondern abstrakt: eine reine Idee ...“* (J. Guitton)

*„Wir stoßen auf den Idealismus in der Physik: Das Reale ist nur dann erfassbar, messbar und existiert nur dann, wenn es beobachtet wird.“* (I. Bogdanov)

Wie töricht klingen dagegen Argumente für eine körperlich autonome und zeitlich eingegrenzte menschliche Existenz. Die Welt ist am naturwissenschaftlich Erkennbaren nicht zu Ende. An deren Grenze beginnt die Wirklichkeit.

## 3.2 Atome - Elemente für variable Konstruktionen

Das Evangelium des Johannes beginnt damit, dass am Anfang ein *Wort* war, durch das alles gemacht wurde, was gemacht ist. Das bedeutet, dass ursächlich eine Idee war und nicht eine gigantische Arbeit mit Material. Die Astrophysiker nehmen an, dass nach einem kurzen Zeitabschnitt nach dem Schöpfungsbeginn, dem Punkt Null (Singularität) die heute existierende Menge an Material des gesamten Universums, aus einer „Masse" mit ungeheurer Dichte und Temperatur hervorging, diese aber mit unfassbarer Energie aus dem materiellen Nichts entstanden ist. Entstanden aus einem ausdehnungslosen Punkt, in dem nicht nur die Masse, sondern auch die Zeit enthalten war. Dieser Punkt war nicht in einem Raum, sondern auch der Raum war in dem Punkt (1). Der Raum des gesamten Universums, das sich seit 13,8 Milliarden Jahren immer noch ausdehnt, wie an der rasend wachsenden Entfernung der äußeren Galaxien zu erkennen ist.

In diesem Punkt war auch alle physikalische Gesetzmäßigkeit angelegt. Außerhalb dieses Punktes ist nichts Materielles und auch nicht das, was wir unter Raum und Zeit verstehen, es ist der „Bereich" der Transzendenz. Zur Transzendenz hat auch heute noch der *innere Mensch* Zugang, weil er aus diesem „Bereich" stammt.

Die Atome, aus denen der *äußere Mensch* besteht, also unser Körper, werden immer im Universum bleiben, denn diese Atome sind seit Bestehen des Sonnensystems (4,5 Mrd. Jahre) Bestandteil dieses Universums und werden es auch bis zum Ende des Universums bleiben. Sie werden sich nach dem Ableben des äußeren Menschen u. U. in einem anderen Aggregatzustand wieder finden, zunächst größtenteils wieder im Erdreich, aus dem sie kamen, später vielleicht in anderen Lebensformen: einer Pflanze, einem tierischen bzw. menschlichen Lebewesen, weil die Atome nicht verloren gehen können. Ihr Ursprung ist der „Sternenstaub".

Alle Elemente, aus denen unser Körper zusammengesetzt ist, sind in der Skala des Periodensystems, vom Wasserstoff bis zum Eisen, mindestens 4,5 Milliarden Jahre alt. Sie sind in einer großen Sonne, die in dem Umfeld des heutigen Sonnensystems existierte, nacheinander durch Atomfusion entstanden, ausgehend vom Basiselement Wasserstoff. Nachdem der Eisenkern im Innern dieser Sonne eine kritische Größe erreicht hatte, erfolgte die Explosion, die Supernova des Sterns. Hoimar von Ditfurth bezeichnete die Fragmente dieser Explosion als Sternenstaub.
Die Detonation verteilte den atomaren „Sonnenstaub" im Orbit um das Explosionszentrum. Danach bildete sich mit dem größten Teil des verbleibenden Wasserstoffs im Mittelpunkt unsere heutige Sonne. Sie fusioniert seitdem wieder mit dem Wasserstoff zu den Elementen mit höherem Atomgewicht. In ihrem Umkreis formten sich nach begonnener Rotation Ringe aus „Staub", die zu den neuen Planeten verklumpten. Die Neuformung der Planeten bildete sich eben aus den Atomen der ursprünglichen Explosion, ein anderes Material als diese Atome gibt es nicht, auch nicht auf unserer Erde.

Die Atome, aus denen zufällig im Augenblick *unser* Körper besteht, hatten über Jahrmillionen u. U. immer wieder eine andere Verwendung. Sie haben mit der wirklichen Person genauso wenig zutun, wie das Auto eines Verkehrsteilnehmers mit seinem Charakter. Der kann sich zwar über die Wechselwirkung mit dem Auto durch die Fahrweise offenbaren, aber das Material des Fahrzeugs ist vollkommen neutral.

Ein Mensch mit einem Körpergewicht von etwa 90 kg trägt ca. 7 kg Wasserstoffatome mit sich herum, genau diese Atome waren damals bei der Supernova vor 4,5 Milliarden Jahren schon mit dabei; weil sie jetzt rein zufällig bei unserem körperlichen Wasseranteil angekommen sind, können sie mit unserer Persönlichkeit nichts zu tun haben.

Wert und Bedeutung einer Persönlichkeit stehen in absolut keinem Zusammenhang mit seinen atomaren Elementen. Es sind austauschbare Bauelemente, die einmal dem einen Zweck – ein anderes Mal einem anderen Zweck dienen.

Außerdem: Hätten wir an einem anderen Ort das Licht der Welt erblickt, würden wir über andere Nahrungsmittel Moleküle aus anderen Quellen in unserem Körper integrieren.

**Mit Sicherheit ist die Persönlichkeit eines Menschen nicht identisch mit den uralten Bausteinen aus dem Weltraum.**

Gerade hier gilt der Satz von Aristoteles: *Das Ganze ist mehr als die Summe seiner Teile.* Oder: Das Ganze definiert den Teil, die Teile aber definieren nicht das Ganze. All diese Elemente, die wir durch die Nahrungsmittel aufnahmen und damit unsere eigene Körperlichkeit bildeten, waren lange vor unserem Erdendasein schon x-mal die Bestandteile von Pflanzen und / oder Tieren. Gleichgültig ob es sich um ein Glas Spätburgunder, ein Filetsteak oder um einen Wurm in einer Himbeere handelt, den wir aus Versehen verspeisten; ihre atomaren Bauelemente wurden zu den unseren. Von ihnen wurde aber nicht unser Charakter bestimmt.

Ebenso wenig ist für die Persönlichkeit die molekulare Struktur der Gene bestimmend. Man wäre der Gleiche, auch wenn die blauen Augen nicht von Opa, sondern die grünen von Tante Ilse „angekommen" wären, und die stattliche Körpergröße sich von Papa, anstelle der zierlichen Gestalt vom Großonkel Edi vererbt hätte.

Entsprechend dem Bohr`schen Atommodell kreisen die Elektronen der Atome in munteren Bewegungen um den Atomkern. Sie haben z. B. einen Bahndrehimpuls, einen Eigendrehimpuls – sie drehen sich um die eigene Achse – und haben einen Spin, der bewirkt, dass der Drehachsennordpol einmal nach oben und einmal nach unten zeigt. Diese turbulenten Bewegungen führen die Elektronen an den Atomen der menschlichen Struktur unbeeindruckt fort, auch wenn der Mensch in der Zwischenzeit verstorben und sein Körper verfallen ist. Das was personenbezogen bleibt, ist unser Wesen oder die Persönlichkeit und die haben wir schon zur eigenen Geburt mitgebracht, sie wurde nicht durch die Ansammlung der Moleküle gebildet.

Die Bedeutungslosigkeit dieser Bauelemente für das wirkliche Leben unterstreicht kein Vers aus den Evangelien besser als der von Joh. 6/63. Er weist uns darauf hin, dass unser Leben aus dem Geist kommt und nicht aus einer Fusion von beliebigen Materialien. Die Atome, aus denen der körperliche Mensch zusammengesetzt ist, sind vor seinem Tod die gleichen wie nach seinem Tod und auch noch Mill. Jahre danach.

Ein Silizium- oder Kohlenstoffatom z. B. kann zwar nacheinander in unterschiedlichen Molekülgruppen auftauchen, aber als Basisbaustein sich nie ändern.

Die Atome bzw. die Moleküle am menschlichen Körper können zu keinem Zeitpunkt riechen, schmecken, fühlen, hören oder sehen. Obwohl sie mit manchen Atomen eher eine Bindung eingehen als mit anderen, können sie doch keine Entscheidungen treffen. Die Atome sind vollkommen neutral und somit auch der Körper. Das was die Sinne aktiviert und die körperlichen Funktionen in Gang hält, ist der Geist. Das Element selber verfügt über keinerlei sensorische Eigenschaften. Wenn der Vers aus dem alten Testament – der besagt, dass der Mensch zu *Gottes Ebenbild* erschaffen wurde – eine gültige theologische Bedeutung hat, dann die, dass des Menschen Geist und nicht des Menschen Körper nach dem Ebenbild Gottes geschaffen ist. Gott und der innere Mensch sind Geist und deshalb von der gleichen „Substanz". Es kann auch der Mensch nur auf einer geistigen Grundlage mit Gott in Beziehung treten; mit den Kommunikationsmitteln des äußeren Menschen, Schrift, Sprache und Gesang, scheitert er ebenso wie mit dem Telefon. Nur die innere Empfindung ist Gebet.

Der Geist, der primär und ursächlich ist, drückt die Körperlichkeit aus. Schon ein volkstümlicher Spruch besagt: „Mit 40 Jahren ist jeder für sein Gesicht selber verantwortlich." Das gibt einen Hinweis auf die Wechselwirkung der körperlichen Struktur mit dem Geist. Dabei hat man sich immer noch vor Augen zu führen, dass die körperliche Struktur aus

Sicht der Quantenmechanik *keine* Ansammlung von unzähligen kleinen Objekten, den Elementarteilchen ist, sondern ein materieloses Beziehungsgeflecht, das durch den Geist systematisiert wurde.

Es gibt überhaupt nichts, was nicht durch den Geist geschaffen wurde: Ohne die Macht des Denkens kann nichts entstehen, das Denken ist die Ursache von allem. Die Philosophin Irmgard Klaus sagt:

> *„Nach alten philosophischen Überlieferungen ist jedes Ding eine formangenommene Idee. Selbst scheinbar toten Gegenständen, wie z. B. einem Stuhl, ging eine entsprechende Idee voran, sonst hätte niemand einen Stuhl bauen können. So birgt jeder Same, nehmen wir als Beispiel eine Eichel, ein Erinnerungsbild oder eine Idee von jenem Baum, an dem sie wuchs, um nach diesem Modell ... ein ähnlicher Baum zu werden**, weil das Programm dazu als Idee schon vorher bestand.** Alles sichtbare Werden ist also die Entfaltung von bereits bestehenden Ideen."*

Und R. Gensetter ergänzt in dem gleichen Sinne:

> *„Was ist, war zuerst Idee, Gedanke, ein geistiges Bild."*

Materialisten denken: alles ist ohne Plan rein zufällig entstanden. Doch wie könnte sich da so etwas wie ein menschliches Gehirn rein zufällig „zusammengeschüttelt" haben, das von Neurologen, der ungeheueren Komplexität wegen, heute immer noch nicht zur Gänze verstanden wird. Ein Uni-Professor und Leiter einer neurologischen Klinik eröffnete seinen Vortrag mit dem Satz: „Am Ende meines Referates werden Sie eine Ahnung haben, warum ich vom Gehirn keine Ahnung habe".

Der Bayer. Rundfunk zitierte in der Sendereihe EVANGELISCHE PERSPEKTIVEN Jan Moewes mit folgenden Worten:

> *„Möchte jemand abstreiten, dass es ein Wunder ist, wenn eine astronomische Anzahl von Protonen, Neutronen und Elektronen sich 78 Jahre lang so verhalten, dass es aussieht wie Karl-Heinz?"*

Dann fügte der Sprecher hinzu:

> *„Was diese astronomische Anzahl von Elementarteilchen zu diesem Verhalten veranlasst, nennt die Bibel den Geist ... des Schöpfers."*

Das was wir an den Gräbern unserer Verstorbenen verehren können sind lediglich ihre Atome, die z. T. noch in Molekülgruppen zusammenhängen; Bauelemente, die das Individuum Mensch benutzen musste, um seine Existenz in einer materiellen Welt zu objektivieren. Exakt diese Bauelemente waren vor seiner Geburt und vor seiner körperlichen Entwicklung Bestandteile der Natur. Sie waren dann zu seinen Lebzeiten vorübergehend einer genialen Körperkonstruktion eingegliedert und kehren schließlich allesamt wieder zur Natur zurück; kein einziges Atom geht dabei verloren. Sie hatten nie etwas Lebendiges oder Spirituelles an sich; Atome wurden lediglich dazu verwendet, um Vitalität im Irdischen zum

Ausdruck zu bringen. Jedoch unsere spezielle charakterliche Eigenart mit seinem persönlichen Entwicklungspotential und seiner Einmaligkeit liegt nicht in unserer Körperlichkeit, sondern in unserem Wesen, das geistig ist – und deshalb kein Bestandteil von Material sein kann.

Der Körper ist zusammengesetzt aus einem 4,5 Mrd. Jahre alten „Baumaterial", den Atomen bzw. Molekülen aus dem Erdreich und entsprechend den physischen Merkmalen unserer Ahnen strukturiert. Diese rein materiellen Merkmale sind eine Sammlung von alten „Planfragmenten", gemäß unserer Vorfahren. Nichts davon ist neu. Lediglich das genetische Programm wurde für jeden körperlichen Aufbau neu „gemischt". Der „Kartentyp" und die „Spielregeln" blieben gleich, nur das „Kartenblatt" ist immer eine neue Ausgabe.

Wir mit unserer Persönlichkeit sind nicht diese körperliche Struktur, denn wir können nicht die beliebigen Moleküle aus dem Ackerboden sein. Wir haben zu keiner Zeit ein einziges Atom an uns, das von wo anders herkommen könnte und schließlich auch wo anders hingeht, als wieder zurück ins Erdreich. Um dieses Material müssen wir bei einer Beerdigung nicht trauern; tragisch ist allein der Abgang des Lebendigen, das geistig ist und deshalb den Entzug der Liebe mit einschließt. **Nur der Entzug des Geistigen ist die Ursache für seelischen Kummer**, wie z. B. der Liebeskummer des verwitweten Partners. Das Geistige geht aber nicht wirklich verloren, es ist nur nicht mehr objektivierbar; darum lebt die Liebe über den Tod hinaus.

Schon im Alten Testament gibt es den Hinweis, dass unser Körper vom Ackerboden ist und auch wieder zu Erde werden wird. (1. Mos. 3,19)

> *„Im Schweiße deines Angesichts sollst du dein Brot essen, bis du zurückkehrst zum Ackerboden; von ihm bist du ja genommen. Denn Staub bist du, zum Staub mußt du zurück."*

In der evangelischen Tradition gibt es am Grab des Verstorbenen das folgende Gebet:

> *„Den Leib legen wir in Gottes Acker, auf dass er wieder zur Erde werde wovon er genommen wurde. Den Geist aber, den Gott gegeben hat, legen wir in Gottes Hand, der Herr sei ihm gnädig ..."*

Diese Sichtweise korrigiert unsere Überbewertung der Körperlichkeit und bringt uns gegenüber dem Körperkult unserer Zeit auf eine wohltuend ernüchternde Distanz. Es ist schon deprimierend, wenn der Mensch sich mit dem Kurzzeitprodukt *physische Gestalt* vollkommen identifiziert. Bei der Sorge um unsere Existenz sollten wir ernsthaft die zweitrangige Bedeutung des Körpers zur Kenntnis nehmen, gleichgültig wie weit unser Verständnis zunächst dafür reicht. C. G. Jungs Gedanke vom *zweifach Geborenen* ist für den geistigen Fortschritt zur Erkenntnis der Wirklichkeit besonders hilfreich.

Die Annahme, dass der Mensch scheinbar *so* ist – und *das* ist, wie er aussieht, schließt die irrige Vorstellung mit ein: wenn das stirbt, so wie es aussieht, dann ist der Mensch gestorben. Aber weil der Mensch nicht das ist, so wie er aussieht, lebt er nach dem Tod dessen was gestorben ist, weiter. Das, was stirbt, hat in Wirklichkeit nie gelebt.

61

Des Verstorbenen würden wir besser in unserem Inneren gedenken, als mit einem Grabstein an der Stelle seiner restlichen „Bauelemente". Eine übertriebene „Denkmalspflege" nutzt der Blumenhandlung, aber nicht dem „Toten". Wären die sterblichen Überreste für die Pietät wirklich von Bedeutung, wäre es auch angebracht für ein körperliches Schwergewicht mehr zu trauern als für einen kleinen, zierlichen Leib. Obwohl auf diese Absurdität niemand kommt, verirrt man sich doch in Redeweisen wie z. B.: „In diesem Grab liegen meine Eltern."

Der Mensch hat sich entmaterialisiert und die Überreste werden biochemischen Prozessen bzw. der Entropie überlassen, die immer wirkt, wenn sie nicht durch den aktiven Geist zu „Lebzeiten" einem übergeordneten Konzept unterliegt. Es ist die Kraft des Lebens, ein rein geistiges Phänomen, das einen materiellen Körper *78 Jahre lang wie Karl-Heinz aussehen* und agieren *lässt*.

Bereits nach der Philosophie des Aristoteles ist die Lebenskraft identisch mit der Seele des Menschen. Der Philosoph, Prof. Bernhard Schleißheimer (Uni. Eichstätt) zitierte Aristoteles mit den Worten (23):

> *„Bei Aristoteles ist zwar der Vorrang der Seele vor dem Leib nicht so stark betont wie bei Platon; aber der Leib, der Körper ist materiell und daher bei ihm erheblich minderwertiger als die Seele ...* **Die Wesensform, die Seele ist ... die eigentliche Wirklichkeit des Menschen und das Bestimmende.**
> *Lebenskraft sowie Sinnes- und Strebevermögen sind ... vernunftlos, irrational. Der Geist ist das Besondere, das die Menschenseele (gegenüber der Tierseele)*

*auszeichnet. Er ist Denkfähigkeit, Vernunft und Rationalität."*

Wobei dem noch hinzuzufügen ist: Der Geist ist nicht das Produkt der Gehirnmaterie. Materie kann weder einen Geist erschaffen noch etwas lebendig machen. Es gibt keine denkende Materie, und *es ist* auch *der Geist, der lebendig macht* …, Materie kann das nicht; materialistisch geprägte Biologen wollen das nicht wahrhaben.

Der Geist befindet sich auf der Ebene der Seele und des Lebens, nicht auf der des materiellen Körpers, der nur eine begrenzte Zeit als lebendig erscheint. Der Geist steht aber in Wechselwirkung mit dem Gehirn, er initiiert und aktiviert die neuronalen Prozesse, damit der Körper die Impulse für notwendige Reaktionen erhält. Das Gehirn ist zwischen dem Geist und dem Körper adaptiv tätig. Diese Geist / Körperschnittstelle ist den Neurologen der Jahrtausendwende noch weitgehend unbekannt. Für die meisten ist der externe Geist auch kein Thema, sie sind der Überzeugung: der Geist entsteht erst im Gehirn. Sie holen den Geist, der außerhalb von Raum und Zeit wirkt, ins Gehirn, um ihn ortsfest vermessen zu können. Sie vermessen aber nur seine Wirkung im Gehirn und nicht die Ursache.

Der Geist ist nicht eingegrenzt durch Raum und Zeit wie das Gehirn. Dadurch entzieht er sich der Messbarkeit der Neurologen. Alles Messbare hat eine atomare Struktur und einen Ort.

Nach der „Lebenszeit" eines Organs verschwindet ihre Konfiguration aus ihrer aktiven Form und taucht u. U. als molekulare Struktur in einer anderen Form, zu einer späteren Zeit, an irgendeinem anderen Ort wieder auf; nicht so der Geist. Schon aus dieser Perspektive ist erklärbar, dass der Geist vom physischen Tod nicht betroffen sein kann, weil er weder physikalisch messbar noch auf eine andere rationale Art und Weise fassbar ist.

Wegen der Begrenztheit der physikalischen Messverfahren auf ausschließlich reale Bedingungen reduzieren Naturalisten den Geist des Menschen auf die Funktionen des neuronalen Netzwerks. Erwartungsgemäß bleiben ihnen Erkenntnisse der externen psychischen Prozesse, die messtechnisch natürlich nicht erfassbar sind, verborgen. Die für sie daraus ableitbare Folgerung: das was nicht gemessen werden kann, kann nicht sein, ist überstürzt und zutiefst positivistisch. Außerdem überschreiten sie mit ihrer Deutung die Grenzen der Naturwissenschaft und verzichten auf Ganzheitlichkeit.

Die dem zugrunde liegende Vorstellung: der Geist ist ein Erzeugnis des Gehirns, hat verhängnisvolle Konsequenzen. Ist er ein Erzeugnis des Gehirns, so hätte er seinem „Schöpfer", dem Körper, zu dienen. Der Körper wird aber vom Ego dominiert, das mit ihm untrennbar verbunden ist. Somit würde das Denken ausschließlich von den Interessen des Egos in Anspruch genommen werden. Der Verstand diente dann ausschließlich dem Ego und der von Gott geschaffene Geist bliebe ungefragt.

Wird hingegen der Körper als ein Vehikel erkannt, das von einem Geist gesteuert wird, der von Gott erschaffen wurde, wird die Persönlichkeit zwangsläufig als unabhängig – und frei in seinen Entscheidungen gesehen. Schon deswegen, weil dieser Geist für immer in der Unsterblichkeit lebt.

Um die Unabhängigkeit vom Körper zu verdeutlichen, kann jeder sagen: Mit diesem meinen Geist hätte meine Person auch in einer anderen Familie, mit einem anderen Körper entstehen können. Der Schluss, der daraus zu ziehen ist lautet: Ich bin kein Körper, aber ich habe einen Körper, den ich mit meinem unabhängigen Geist lenke.

*Es ist der Geist, der lebendig* und heil *macht*, denn das Selbst, das so ist wie es von Gott geschaffen wurde, projiziert seine Vorstellungen gegen die Vorstellungen des Egos auf die passive körperliche Struktur. Erhalte den Frieden in deiner Seele, denn die Seele ist der Gesetzgeber deines Körpers (Taniguchi).

Atome und Moleküle haben keine Meinung, sie richten sich nach der Psyche.


Diejenigen, die den Körper als sich selbst wahrnehmen, kommen kaum nach, seinen laufenden Forderungen gerecht zu werden. Die Bedürfnisse entstehen aber nicht in den Atomen, denn ein Atom an einem belebten Körper unterscheidet sich durch nichts von einem Atom an einem unbelebten Gegenstand und das hat keinerlei Ansprüche. Es ist das Ego, das die Wünsche für den Körper erfindet, um seiner Struktur zu dienen.

Dabei verzichten die Menschen in ihrem Denken auf die Ganzheitlichkeit, sie wissen nichts von ihrem Selbst und verfallen z.B. zwangsläufig dem scheinbaren Ideal der Jugend, die körperliche Höchstleistungen vollbringen kann. Sie setzen damit auf ein System mit vorübergehendem Glanz und versuchen, wiederum mit materiellen Hilfsmitteln, es über die Zeit zu stabilisieren. Denn seine Begrenztheit wird durch die rasch schwindende Attraktivität des Äußeren bald aufgezeigt. Sie sehen dann kein anderes Finale als den „abstoßenden" Leichnam und erkennen nicht, dass sie unsterbliches Leben besitzen. Wenn unser Körper tot ist, werden wir alle bemerken, dass wir nicht gestorben sind. Nahtoderfahrungen deuten es bereits an.

Angesichts der im täglichen Leben nicht zur Gänze zu verwirklichende Entidentifizierung mit dem Körper erscheint es trotzdem vollkommen absurd, irdische Positionen bis zum letzten Augenblick zu stärken und auszubauen; sei es die Vermehrung von materiellen Gütern oder der Fortbestand des materiellen Körpers mit allen verfügbaren Mitteln der Pharmazie und der Medizin. Ein Ablassen oder Loslassen würde die Lebensqualität deutlich verbessern, selbst wenn man stürbe. Man muss einfach zur Kenntnis nehmen, dass irdische Konstruktionen mit irdischen Materialien zeitlich nur begrenzt einsetzbar sind, die dann eines Recyclings bedürfen. Dieser Gedanke ist nicht pietätlos, er beschreibt die Natur, man sollte sich an ihn gewöhnen!
Er würde den Geist, der nicht stirbt, leichter von den Zwängen des kurzlebigen Egos, dem Wächter des Körpers, befreien. Denn das Ego, das seine vermeintliche Verantwortung für den Körper sehr ernst nimmt, kennt nur die unentwegte Begehrlichkeit von Kurzzeit-Phänomenen und lässt dem Gegensätzlichen, dem Zeitlosen, keinen Raum. Das Ego oder das Ich hält uns mit vielen Dingen und Attraktionen in dieser Welt gefangen; ist aber nicht in der Lage uns den Körper und diese Welt zu erhalten, sondern führt uns langfristig sicher ins körperliche Elend. Rechtzeitig loslassen scheint das Einzige

zu sein, das wir im Alter noch lernen müssen. Folglich sind es oft die Schmerzen, die uns vom sinnvollen Ende eines abgelaufenen Erdendaseins langsam überzeugen.

Diese Welt ist nicht unsere Heimat. Wir ahnen das, wenn wir in den klaren Nachthimmel schauen, denn der Begriff Heimat impliziert Geborgenheit. Auf diesem Winzling *Erde*, am Rande einer Galaxie, die ohne Bezug irgendwo im Universum auf die Nachbargalaxie Andromeda zu einer Begegnung in fernen Tagen zurast, kann es keine ewige Geborgenheit geben. Die Welt an sich bringt auch keinen bleibenden Gewinn; sie ist nur ein Ort wechselnder Erscheinungen und Erfahrung.

Es ist ein fragwürdiges Konzept, sich oder andere gegen die Natur zu zwingen, in der Welt der Sinnenwahrnehmung, die nicht die Wirklichkeit ist, zu verharren.

Laotse (10) sagt:

> *„Der Weg durch das Sein zum Sinn, führt ... durch die Anerkennung der Gegensätze in der Welt der Erscheinung hindurch. Je freier man vom Wahn des Begehrens ist, desto freier wird man vom eigenen Ich. ... Durch diese Erkenntnisse gelangt man dazu, das Ich auszuschalten; denn dieses kleine Ich, das die Spanne zwischen Geburt und Tod für sein Leben hält, ist der wahre Grund des ganzen Wahns.“*

Die Schwierigkeiten, die wir gewöhnlich bei dem Gedanken an die Beendigung unseres irdischen Zustands bekommen, liegen vor allem an den konfusen Meinungen, den unkonsequenten Schlüssen und den von Angst verzerrten Vorstellungen vom Tod, die wir, um uns nicht zu beunruhigen, am liebsten verdrängen. Blaise Pascal beschrieb das sehr treffend mit den Worten: „Weil die Menschen gegen den Tod kein Heilmittel finden konnten, sind sie, um glücklich zu werden darauf verfallen, nicht mehr daran zu denken." Doch wir brauchen kein Heilmittel gegen den Tod, sondern nur eine klare Vorstellung vom Leben, unserem *Selbst* und seiner Distanz zum physischen Ende der körperlichen Struktur.

Wir bedienen uns bei diesem Thema auch einer ausgesprochen unpräzisen Ausdrucksweise, wenn wir beispielsweise bei Begräbnissen pathetisch den Satz rezitieren: „Mitten im Leben sind wir vom Tod umfangen."

Unser wirkliches Leben ist aber nie vom Tod umfangen. Denn die Struktur, die wir verlieren, war nie Teil von unserem *Selbst*, sondern nur sein Begleiter; quasi ein Vehikel, mit dem wir in die irdische Welt gesetzt wurden, um unter irdischen Bedingungen aktiv sein zu können. Es ist unser Auftrag, den Körper als eine Art *Lernmittel* im weltlichen Leben zu nutzen, um auf diese Weise zu leben und spezielle Erfahrungen damit zu sammeln. In einem neuen anderen Umfeld benötigen wir die atomare Struktur genau so wenig, wie wir nach der Schulzeit noch die alte Schulbank brauchen. Doch als ehemalige Schüler verhalten wir uns aber gemäß den Erfahrungen und Erkenntnissen, die wir in der Schulzeit gewinnen konnten. Erfahrungen und Erkenntnisse sind immer geistig, sie können durch materielle Einflüsse, wie dem Austritt aus dem physischen Umfeld, nie zerstört werden.

Die Atome des verlassenen Körpers hingegen stehen für eine weitere Verwendung in der Natur wieder zur Verfügung; das müssen wir nicht bedauern.

Wir treten mit dem Selbst aus der *vergröberten Wahrnehmung* der Sinne heraus in die eigentliche Wirklichkeit, die den Sinnen und der klassischen Naturwissenschaft immer verborgen bleiben wird. Wir treten in eine Welt ein, von der wir auch heute schon durch Intuition und Vorahnung, Richtung und Führung erhalten. Intuition hat nichts mit den Sinnen zu tun und entsteht ursächlich auch nicht im Gehirn, denn sie stellt sich u. a. zu Ereignissen ein, die sich noch außerhalb der vollzogenen Zeitachse befinden und deshalb im Gehirn als Verstandeswissen noch gar nicht angekommen sein können. (C. G. Jung).

Für den Wandel der molekularen Struktur am Ende unserer Zeit gilt schließlich das Bild von Psalm 103 / 15 und 16, das für alles Materielle gilt, weil es den Mechanismen der Entropie unterworfen ist, darum noch einmal: „Der Mensch, er blüht wie die Blume des Feldes. Fährt der Wind darüber, ist sie dahin; der Ort, wo sie stand, weiß von ihr nichts mehr."

Durch den Verlust der atomaren Körperstruktur ändert sich das Wesen der Persönlichkeit nicht. Das was sich mit der Materie ereignet, kann auf den Geist keinen Einfluss ausüben. Jeder bleibt das Wesen, zu dem er sich zu „Lebzeiten" selber gemacht hat.

## 3.3 Das Kohärenzprinzip, die Einheit von allem

> *„ ... Woran wir Menschen erkranken, ist unser Gefühl des Getrenntseins. Wir fühlen uns getrennt voneinander, getrennt vom Universum, getrennt vom Göttlichen. Dabei lehren uns doch die spirituellen Wege ebenso wie die Erkenntnisse der Quantenphysik, dass wir selbst teilhaben an der kosmischen Intelligenz, die alles durchwaltet und in dem alle Möglichkeiten enthalten sind."* (Christa Spannbauer)

Für Mensch und Tier scheint die Welt so zu sein, wie sie mit den Sinnen wahrgenommen werden kann. Zumindest suchen sehr viele die Erfüllung ihrer Lebensperspekitven nur im Bereich der offensichtlichen Konditionen. D. h., sie begnügen sich mit rein materiellen Lösungen und verzichten freiwillig auf den Einfluss der geistigen Welt.

Schon C. G. Jung bemerkte in der Mitte des 20. Jhs.

> *„ ...geistige Inhalte beruhen nicht nur auf Sinneswahrnehmungen. Es gibt ein irrationales, inneres, psychisches Leben, das sog. <geistige Leben>, von dem, mit Ausnahme einiger Mystiker, fast niemand mehr etwas weiß oder wissen will. Das innere Leben wird meist als Unsinn betrachtet und soll auch tunlichst ausgeschaltet werden."*

Das beinhaltet die Trennung von Gott, bei der entweder eine agnostisch fundierte Ablehnung mangels rationalem Nachweis des Göttlichen hervor gehoben wird oder, die Zurückweisung des Göttlichen beruht auf einer bewussten Ignoranz, da er, Gott, scheinbar auch kein Interesse an uns hat, denn sonst würde er uns aus dem Chaos helfen, das uns direkt belastet oder indirekt bedroht.

Die Rahmenbedingungen bzw. die erdachten Grenzen stellen Agnostiker selber auf. Als Leitlinie dient der Humanismus, mehr noch die Naturwissenschaft, weil die Grundsätze auf die sie bauen, real und verifizierbar sein müssen. In einem Leben ohne erkennbaren Gott besteht keine andere Wahl als der Positivismus. Daraus ergibt sich ein Reduktionismus, der sich nur auf Einzelphänomene bezieht, ohne ihre Verwurzelung im Ganzen zu sehen. Kenntnisse über Gott sind dabei nicht erforderlich.

Alle in sich kompletten Systeme sind aber selber Einzelheiten vom *Großen und Ganzen*.

Das Große und Ganze ist holistisch – von oben her und vom Anfang an ganzheitlich zu sehen, nicht von unten, aus unserer aktuellen, dinglichen Situation heraus und als Summe einzelner Subsysteme. Alles ist aus einem ganzheitlichen Prinzip abgeleitet, das keine Beziehungslücken enthält, bei dem nichts beziehungslos auf Distanz steht. Die Welt ist ein kohärentes Ganzes, obwohl uns die Sinne vom Gegenteil überzeugen wollen.

Offensichtlich enthält die Schöpfung neben dem Objektivierbaren, dem Einzelnen und Endlichen, auch noch Ideelles, wie Werte und Zwecke, die zeitlos sind und das wirft die Frage nach dem Sinn der Schöpfung auf, die von uns nicht beantwortet werden kann. Trotzdem, eine wissenschaftliche Beschreibung der Natur ohne den Rückgriff auf ihren Schöpfer ergibt das Bild einer Illusion. Illusionen entstehen ohne den Geist, der die Wirklichkeit erschaffen hat.

Sebastian Painadath (SJ) schreibt von der Qualität der Einheit zwischen Gott und Mensch:

> *„Das Göttliche, das sich in der Bhagavad-Gita als unergründliches Geheimnis, personaler Gott, universales SELBST und Herr der Geschichte offenbart, wird als spirituelle Kraft erfahren, die das Leben des Sadhaka (Schüler) verwandelt. Mit Hilfe der göttlichen Gnade wird der Sadhaka nach und nach aus der Klammer von kama (Ego) zur Freiheit von dharma (Zustand von Ordnung und Harmonie) befreit; vom oberflächlichen und besitzorientierten Ichgefühl, wandelt er sich hin zu einem umfassenden Selbstbewusstsein. Folglich wird es ihm möglich, die Wirklichkeit nicht bruchstückhaft, sondern ganzheitlich … zu sehen."*

Die Verwandlung des Schülers ist der Weg hin zur Wirklichkeit, zum *Zustand von Ordnung und Harmonie*. Der Weg benötigt einerseits die Zeit, doch in der Zeit wirkt andererseits die Entropie (phys.: Begriff für zunehmende Unordnung), die solange zum Chaos strebt, bis alle Energiepotentiale ausgeglichen sind (Zweiter Hauptsatz der Thermodynamik).

Erst **die Zeitlosigkeit enthält die unveränderbare Ordnung der Wirklichkeit.**
Die Zeit ist aber das Mittel, das der Menschen für seine geistige Entwicklung braucht. Sie ist im Raum die Dimension für kontinuierliches Denken, mit dem sich die Persönlichkeit hin zum Zustand der *Wirklichkeit* entwickelt. Die Zeit dient aber auch den Interessen des Egos, zu *seiner* Entfaltung. Das Ego

setzt nur auf das Endliche und räumt im Wettbewerb mit dem Unendlichen dem keine Chance ein.

**Das Universum ist nicht unendlich**, weil es materiell ist. Materielles ist immer messbar und deshalb endlich. Unendlich kann nur raum- und zeitloses sein. Das Universum hat daher auch nicht das Potential zur unendlichen Ausdehnung. Soweit es sich auch ausdehnen mag, seine Grenzen werden immer messbar bleiben.

Die Grenzen des Universums wurden von den Nachrichtentechnikern Penzias und Wilson 1965 mittels elektromagnetischer Wellen empfangen. Der Physiker Robert Dicke (Princeton) konnte aufgrund seiner früheren Berechnungen die kosmische Strahlung auf der Wellenlänge von 7,3 cm als Grenze des Weltalls deuten (56; S.21).

**Wirkliches ist unendlich**, **unbegrenzt.** Die *Wirklichkeit* kann deshalb auf das endliche Universum mit seinen Begrenzungen nicht zutreffen. Sobald sich Dinge im *Bereich* des Universums durch Messbarkeit definieren lassen, unterscheiden sie sich vom *Zustand* der *Wirklichkeit* und sind nicht mehr wirklich; es gibt nur eine Wirklichkeit.

Das Materielle hat von sich aus keinen Zugang zum Geistigen. Als vor 13,8 Milliarden Jahren noch keine Zeit, kein Raum und keine Materie erschaffen waren, bestand schon die Wirklichkeit und sie wurde durch die Schöpfung der physikalischen Fakten nicht verändert, denn: **in Gottes Gegenwart ist Kontinuität fundamental**. Nur der Wandel benötigt ein *Vorher* und ein *Nachher*. Beide können nicht zeitgleich sein. Änderung kann nur in der Zeit stattfinden. Änderungen bieten keine Gewähr für Wirklichkeit und Wahrheit, weil jeder Änderungszustand nicht der endgültige ist, solange die Evolution stattfindet und sie findet in der Zeit statt.

Die Wirklichkeit kann also nicht mit der Zeit entstehen, sie ist zeitlos und war es schon immer. Zeitloses gilt immer und: **was immer gilt, ist wirklich**.

Alles, was sich von der Wirklichkeit unterscheidet, ist wegen seiner Abweichung unwirklich. Folglich: **das Zeitliche muss eine Illusion sein.**

**Die Welt entspricht erst *zusammen mit uns* dem, was wir wahrnehmen.** Ohne uns ist die Welt anders, z. B. ohne feste Materie; denn *die* besteht aus dynamischen Prozessen. Die Elementarteilchen, die scheinbar die Materie bilden, existieren in Wirklichkeit nicht. Substanz gibt es nur aufgrund der Art, wie wir Dinge betrachten, ertasten und messen. Deshalb ist es möglich, dass sich Quantenzustände bei Beobachtung bzw. Messung verändern.

Die Zeit, (eine physikalische, relative Größe) und mit ihr alles Zeitliche, ist die limitierte Ausnahmeregelung der Schöpfung Gottes, die wir durch unser Empfinden erst ins Spiel bringen. Durch die Wahrnehmung mit den Sinnen geben wir einer Sache nicht nur Substanz, Farbe und Klang, wir deuten auch noch ihren Wert, ihre Gültigkeit, ihren dementsprechenden Sinn und setzen sie in Beziehung zum Ganzen. Wir haben sozusagen die Welt zur Veränderung nach unseren Vorstellungen in die Hand genommen. Und wenn wir das Falsche für gültig oder wirklich halten, fällt es uns nicht auf, so wie es vor dem 16. Jh. niemand auffiel, dass die Erde um die Sonne kreist und sich um die eigene Achse dreht.

Wir argumentieren immer noch positivistisch, das fördert die Engführung des menschlichen Denkens und ist eine ständige Entfernung von der eigentlichen Wirklichkeit.

Gott arbeitet nicht mit Material. Gott ist Geist und als Geist braucht er die Materie nicht. Es reicht, wenn unsere Sinne so funktionieren, dass uns eine materielle Welt erscheint, wo in Wirklichkeit keine ist.

**Weil die Korrelation von Mensch und Welt erst die Welt ergibt, die wir sehen, ist die Welt, die wir sehen, eine Illusion.**

F. Capra schreibt (44):

> *„Das Universum wird nicht länger als große Maschine angesehen, die aus einer Vielzahl separater Teile besteht, sondern als harmonisches unteilbares Ganzes, als ein Netz dynamischer Beziehungen, die auf entscheidende Weise den menschlichen Beobachter und sein Bewusstsein einbeziehen. Die Tatsache, dass die moderne Physik ... Kontakt mit der Mystik aufnimmt, zeigt auf sehr schöne Weise die Einheit und komplementäre Natur der rationalen und intuitiven Bewußtseinsarten ...“*

Wenn der Beobachter mit seinem Bewusstsein die subatomaren Vorgänge beeinflusst, bedeutet das, er ist nicht mehr Beobachter, sondern *Teilnehmer* am Beziehungsgeschehen. Capra erklärt das wie folgt (10):

> *„In der Atomphysik kann der Wissenschaftler nicht die Rolle eines unbeteiligten Beobachters spielen, sondern er wird in die beobachtete Welt mit einbezogen und beeinflusst die Eigenschaften des beobachte-*

*ten Objekts.* **Diese Einbeziehung des Beobachters in den Versuchsvorgang sieht der Wissenschaftler John Wheeler als den wichtigsten Zug der Quantentheorie an.** *Er empfiehlt daher, den Ausdruck 'Beobachter' durch 'Teilnehmer' zu ersetzen. ...*
*Diese Vorstellung einer Teilnahme statt Beobachtung wurde in der modernen Physik erst kürzlich formuliert, aber jedem, der sich mit Mystik beschäftigt, ist sie wohl bekannt. Mystisches Wissen kann niemals durch Beobachtung erlangt werden, sondern nur durch volle Teilnahme mit dem ganzen Wesen."*

Dass mit dem Bewusstsein auf subatomare Beziehungen und somit auf die „materielle" Struktur Einfluss genommen werden kann, nötigt zu dem philosophischen Schluss, dass Bewusstsein wie auch Beziehungen geistig sind und somit auf der gleichen Ebene interagieren.
Erhebliche Verständnisschwierigkeiten bestehen nur, solange subatomare Strukturen für eine Ansammlung separater, unabhängiger, gegenständlicher Objekte gehalten werden. Wenn jedoch Teilnehmer und „Objekt" eine geistige Einheit bilden, organisieren sie sich gemeinsam, wobei das „Objekt" auf die Bewusstseinsinhalte des Teilnehmers eingeht. Bei unterschiedlichen Teilnehmern, mit unterschiedlichen Zielvorstellungen, werden daher unterschiedliche Resultate erzielt. Der Placeboeffekt und der Doppelspaltversuch belegen den grundsätzlichen Zusammenhang, sie bringen den Skeptiker zum Staunen.

In die Zeitlosigkeit hinein wurde mit dem *Urknall* vor ca. 14 Milliarden Jahren der Anfang der Zeit geboren, zusammen mit dem Raum, damals mit der Ausdehnung Null. Dieser *Be-*

76

*reich*, von da ab mit permanenter Expansion, enthält alle physikalischen Gesetzmäßigkeiten.

Der *Bereich* verhält sich wie eine Blase, deren Rand sich kontinuierlich weitet; innerhalb seiner Grenzen befindet sich das ganze Universum. Außerhalb von ihm gibt es keine Physik, dort ist weder Raum noch Zeit. Raum und Zeit sind physikalische Größen, die vor ihrer Erschaffung nicht existierten. Außerhalb des Raumes ist keine physikalische Größe, nichts Objektivierbares, **außerhalb des Raumes besteht ein *Zustand***, ideell wie die Liebe oder die Freude.

Wobei der Begriff „außerhalb" nicht geometrisch zu deuten ist, da wäre er nur wieder eine Erweiterung des Raumes.

Der *Zustand* war schon immer, d.h. ohne zeitlichen Anfang und ohne räumliche Grenzen, er ist ein Zustand, der primär ein Zustand der Erkenntnis ist, dann erst ein Zustand des Empfindens. **In *ihm* ist die Ursache für den Urknall zu sehen**.

Die Ursache beruht auf einer Entscheidung (einem Wort) im Jenseits, zur Kreation von physikalischen Größen und der Entfaltung des dafür notwendigen geometrischen *Bereiches* (Universum) im Diesseits, zusammen mit der Zeit.

Darum ist die Schöpfung des Universums aus der Perspektive der Naturwissenschaft ohne Ursache. Physikalisch betrachtet ist es aus dem Nichts entstanden, weil die Erkenntnisse der Naturwissenschaft an den Grenzen des Universums enden und Transzendentes nicht erreichen. Die Naturwissenschaft ist über die „ursachelose" Schöpfung irritiert, denn aus ihrer Sicht hat jede physikalische Wirkung eine physikalische Ursache, erst recht bei einer derart unvorstellbar gigantischen Wirkung, mit etwa $10^{32}$ C$^o$ zum Punkt der Singularität (56;

S.101). Die Ursache *muss* logischer Weise in dem liegen, was in Wirklichkeit schon vorhanden war, eben der *Zustand* der Transzendenz.

Der Initiator der Ursache muss im Zustand der Transzendenz leben und Geist sein, weil im Transzendenten nichts Objektivierbares existiert; Er muss *dieser Zustand* sein.

Der Schöpfer muss die Macht haben, die als geistiges Potential über der Ursache steht, sonst hätte Er deren Wirkung nicht in Gang setzen können, sie ist bis heute noch nicht abgeschlossen; die Evolution ist noch im Erschaffen.

Dadurch wurde auch demonstriert, dass die geistigen Impulse, die ursächlich sind, über den Wirkungen stehen, die im Universum sichtbar sind. Dem Universum wurde mit der Evolution auch der Raum und die Zeit gegeben.

Dem Schöpfer, den die Christen Gott nennen, sind neben Leben, Geist und Macht weitere Attribute inhärent, die ebenso geistig sind. Der göttliche *Zustand* ist Liebe, Wahrheit, Weisheit, sie haben alle im *Bereich* des Universums ihre Wirkung. Der *Zustand* „strahlt" in den *Bereich* des Universums diese Eigenschaften hinein, sie werden von geistig qualifizierten Individuen reflektiert, wie das Sonnenlicht im finsteren Umfeld des Universums die Planeten erleuchtet, diese leuchten auch nicht von sich aus. Die Reflexion zeigt, der „tote" *Bereich* des Universums ist kein gottfreier Raum. Das erlaubt den Schluss: der Mensch ist mit Gott verbunden und kann die göttlichen Attribute ausstrahlen. Wie sonst könnten „100 kg Karl-Heinz" Liebe oder Freude kreieren.

Mit seinem größer werdenden geometrischen Volumen kann der *Bereich* die Eigenschaften des *Zustands* nicht verdrängen, beide sind von unterschiedlicher Art. Der *Bereich* expandiert räumlich, ohne den *Zustand* zu verändern, weil der *Zustand* als Eigenschaft keinen Raum beansprucht.

Alles Leben kommt von „außerhalb" des Raumes, des *Bereiches*, da Leben bei einem lebendigen Gott schon existierte, als Raum und Zeit noch nicht erschaffen waren. Würde Leben im *Bereich* des Irdischen entstehen, hätte es auch sein Ende in diesem *Bereich*. Gott hat den Prozess des Erschaffens von Lebendigem sicher nicht aus der Hand gegeben.

Der Mensch, (das Selbst) ist zu *Gottes Ebenbild* und nach *Seiner Art* erschaffen, er ist also geistig und nicht materiell. Er lebt nach dem Tod des Physischen unbeschädigt weiter. Das Zufallsprodukt Körper, das aus dem Irdischen stammt, bleibt im Irdischen, es wird die Grenze ins Geistige nie überschreiten. Jeder wird sein physisches Ende miterleben. Wir werden uns vor dem Ende fürchten, wenn wir uns mit dem Körper identifizieren anstatt mit dem Selbst, das mit seinen, durch die irdischen Erfahrungen geprägten geistigen Eigenschaften, sich zeitlos durch die Ewigkeit bewegt.

Der Körper ist von anderen gemacht und für ein Leben mit einem Selbst, ohne Wahl, bereitgestellt. Der Körper, der den Sinnen erscheint, ist nicht das Individuum Mensch, die zeitlose Persönlichkeit. Die Identifikation mit diesem Körper ist schon deshalb abzulehnen, weil auf dessen Entstehung kein Einfluss genommen werden konnte. Ein selbst gewähltes

Hemd ist dem Träger weniger fremd, es ist Ausdruck seiner Person und seines Empfindens, nicht aber der Körper. Seine Mängel mussten ungefragt übernommen werden. Er hat nur einen zeitlich begrenzten Funktionswert, aber keinen Wert an sich. Er ist nicht einmal der Verwalter seines Lebens, er darf nur daran teilhaben. Unsere Gesellschaft muss noch lernen, seine Existenzberechtigung zu hinterfragen, wenn seine Funktionen nicht mehr gewährleistet werden. Was oder wer außer dem Ego würde den Körper dann noch haben wollen? Das z. Z. gültige juristische Regelwerk ist absolut positivistisch ausgerichtet und steht hier nicht in Kohärenz mit dem geistlich verstandenen Schöpfungsgedanken.

Der Verstand, der unter dem Eindruck der Sinne und den Vorstellungen des Egos die irdische Existenz aufrechterhalten muss, wird in seinem Leben wenigstens einmal zur Kenntnis nehmen, dass der Mensch ein inneres Leben hat und keine biologische Maschine ist. Ihm bleibt die Deutung und Wertung überlassen, welche Priorität er dieser „Entdeckung" einräumt. Danach obliegt es dem Verstand, durch Argumentieren mit Vernunft, die latenten Fähigkeiten ans Licht zu bringen, die einem inneren Leben inhärent sind. Ohne diese Erkenntnisse dominiert die Vorstellung: der Mensch besteht aus lebendigem Material oder, das Material ist der Mensch.

Der Geist oder das Selbst, das spätestens nach der Entbindung des neugeborenen Körpers einen zufällig entstandenen Organismus belebt, wurde diesem „zugeteilt". Es muss mit dem, was da körperlich entstanden ist, ein Erdenleben lang korrelieren; eine Herausforderung, die es zu meistern gilt. Dabei ist es für positive Lebenserfahrungen von außerordentlicher Bedeutung, wenn der Verstand des Menschen dem Selbst mit dem von Gott gegebenen Geist, und nicht dem Körper die volle Aufmerksamkeit einräumt. Den Anstoß hierfür liefern nicht die Illusionen der Sinne, sondern die Erkenntnis, dass das Selbst die Schöpfung Gottes ist. Baker Eddy schreibt (57; S.475)

> *„Der Mensch ist die Idee, das Bild der Liebe; er ist kein physischer Organismus. Er ist die ... Idee Gottes, ... der Gattungsbegriff für alles, was Gottes ... Gleichnis widerspiegelt."*

Dass seine geistigen Eigenschaften – Leben, Geist – vom Sterbevorgang des Körpers nicht beeinflusst werden, erschließt für das Denken einen neuen Standpunkt von der Wirklichkeit des Lebens. *Das* ist die Erlösung, über die wir vor ca. 2000 Jahren durch Jesus von Nazareth informiert wurden. Der Mensch geht eben nicht den Weg allen Irdischen. Die Entropie verfügt nur über den Körper, der nie die Persönlichkeit war.

Der Mensch ist mit seinen geistigen Eigenschaften unsterblich. Geistige Eigenschaften sind nicht ortsgebunden wie Objekte. Geistiges, das von denkenden Wesen aus der Transzendenz ins Universum hereingeholt wird, widerspricht wegen seiner Andersartigkeit den Regeln des Universums, das naturwissenschaftlich organisiert ist. Geistiges beweist durch seine Unveränderbarkeit eigenständig, dass es von Gott stammt und *Seinen* Regeln entspricht. Weil es von keinem irdischen Ende betroffen ist, besteht beispielsweise auch die Liebe über den Tod hinaus.

Das Geistige kann mit dem Natürlichen, dem Zeitlichen wechselwirken, es beeinflussen und berichtigen, wie die *baustatische Formel mit der Struktur der Brücke korreliert* (Küng) ohne sich damit zu vermischen, denn das Reale wurde immer vom Geistigen, ohne direkt (wie eine Chemikalie) operativ einzugreifen, beeinflusst.

**Den Einfluss des von den Attributen des Geistes durchdrungenen Denkens im Alltag zur Geltung zu bringen, betrifft eine Sinnfrage unseres irdischen Aufenthaltes.**

Es ist sogar unsere Aufgabe, dem Denken die ständig präsente positivistische Augenscheinlichkeit zu nehmen, um dem *geistigen Verständnis* für ganzheitliches Sein den Weg zu bereiten; das unterscheidet uns vom Tier. Naturwissenschaft, die mit dem Positivismus konform ist, kann nur das Sein als *Wirkung* erklären, hat aber keinen Zugang zu ihren *Ursachen,* die geistig sind. Darum reicht Naturwissenschaft für *das Ganze* nicht aus. **Geistige Ursachen sind nur über ein *geistiges Verständnis* erkennbar.**
*Geistiges Verständnis* könnte mit der Metapher: *mit dem Herzen denken* erklärt werden. *Geistiges Verständnis* heißt immer: Die Wirksamkeit des göttlichen Prinzips erkennen und es für sich deuten. Eine rein materielle Welt ist eine Fehleinschätzung von dem, was wirklich ist. **Eine rein materielle Welt**, so wie wir sie erleben, **gibt es nicht**: ist eine Aussage der Physik.

Das göttliche Prinzip wirkt darum nicht im Erfahrungsbereich der klassischen Physik, der eine Illusion ist. Das göttliche Prinzip ist auch nicht grundsätzlich verifizierbar, aber durch *geistiges Verständnis* erkennbar. Das göttliche Prinzip ist geistig und fundamental, es war schon immer gültig, im Gegensatz zum *Newtonschen Gesetz*, das erst mangels Masse (m) seit dem Urknall relevant ist.

Die Attribute des Geistes, die zeitlos gelten, kommen von außerhalb des Universums, vom Jenseits.
Dieses **Jenseits *ist* der *Zustand*** des Geistes. Von ihm können Leben, Frieden, Freude, Liebe und alle Früchte des Geistes (Gal. 5, 22) ins Diesseits implantiert – und ohne Verzug dienstbar gemacht werden. Das Materielle an sich, kann im Diesseitigen nichts Geistiges erbringen, aber es reflektieren. Die Verbindung zum Geistigen ins Jenseitige ist distanzlos, zeitlos und unmittelbar. Der Zustand des Geistes ist dann im *Zustand* der Wirklichkeit.
Menschen, die sich nur im Diesseits wähnen, haben kein *geistiges Verständnis,* sie erkennen keinen Lebenssinn, weil der aus dem Jenseits vorgegeben ist. Sie erkennen nur die realen Ziele im Alltäglichen. Die Aktiven unter ihnen fühlen sich in ihrem Progressismus einer ganzheitlichen Geisteshaltung überlegen, agieren aber ständig unter Sorge und Existenzangst.

> *„Der natürliche Mensch begreift nicht, was vom Geist Gottes ist; denn es ist für ihn eine Torheit und er kann es nicht erkennen, weil es geistlich beurteilt werden muss."* (Paulus 1. Kor. 2:14)

*Geistlich beurteilen* heißt: zur Beurteilung *geistiges Verständnis* aufbringen. Die Naturwissenschaft ist zur *geistlichen Beurteilung* vollkommen ungeeignet.

Es gibt einen Widerspruch zwischen dem *geistigen Verständnis* und der Wahrnehmung der Sinne, die uns als *natürlich* anmuten. Im bequemen Kompromiss kommt ein Bewusstseinsgemenge von Wahrheit und Irrtum zum Tragen, sowie von Ganzheitlichkeit und Positivismus, Liebe und Angst, Selbst-Bewusstsein und Ego, Wirklichkeit und Traum, aus dem sich immer unsere konkreten, aktuellen persönlichen Zustände ableiten.

*Geistiges Verständnis* ist unabhängig vom Wissen des Intellekts, es ist vor allem mehr als blinder Glaube.
*Geistiges Verständnis* ist die Erkenntnis, wann Wirkliches glaubhaft ist.
*Geistiges Verständnis* ist die Zuversicht auf das Wirken des Heiligen Geistes im täglichen Leben, es ist das Gegenteil von ängstlicher Selbstorganisation.
*Geistiges Verständnis* kann Führung durch Intuition erwarten, der Intellekt hat nur die Möglichkeiten seiner begrenzten Bildung und empirischen Erfahrung.
Geistiges Verständnis ist notwendig, um den Einfluss des Denkens auf die Materie zu erkennen.

Nur *geistiges Verständnis* sagt uns, dass der Mensch nicht der Körper ist. Der Mensch *hat* einen Körper und er *ist* ein Selbst.

Nicht einmal das Selbst ist in dem Körper, genauso wie die baustatische Formel nicht in der Brücke ist. Sie ist als Prinzip vorhanden und definiert die Brücke. So ist auch das Selbst nicht im Körper vorhanden. Es definiert ihn durch die Reflexion von Attributen wie: Funktion, Widerstandsfähigkeit, Ausstrahlung, kurz Vitalität. Dies sind Eigenschaften die mit dem Denken in Wechselwirkung stehen.

Doch gilt: Eine Wirkung ohne Verständnis kann es nicht geben, ebenso wie es ein Verständnis ohne Wirkung nicht gibt. Das Verständnis berichtigt den Prozess.
In Abwandlung eines Gedankens von Baker-Eddy kann resümiert werden:

> Wenn das *geistige Verständnis* die Standpunkte des Lebens verändert, werden wir die Wirklichkeit des Lebens erlangen und das Christentum in seinem **göttlichen Prinzip** erkennen.

Und weiter:

> Wahrheit wurde durch Jesus demonstriert, um **die Macht des Geistes über das Fleisch** zu beweisen.

Das ist die tiefere Bedeutung der Aussage: „*macht euch die Erde untertan.*"
Auf diese Weise die Herrschaft über die Erde zu demonstrieren ist die einzig akzeptable Art die Erde zu nutzen, zu beherrschen. Irdisches soll nicht den Menschen dominieren. Der Mensch soll aber keinesfalls das Hilflose ausbeuten, wie das ohne geistige Macht den Raubtieren die Existenz sichert.

## Die Macht des Geistes zu demonstrieren *ist* das Prinzip, das wir verstehen sollen!

Wenn das Handlungspotential durch angewandtes *geistiges Verständnis* verbessert wird und der Geist steuernd über der Materie steht, erscheint der Begriff Metanoia im Sinne von *Umdenken* zu schwach. Es muss von einer geänderten Weltsicht die Rede sein, die eine fundamental neue Lebenssituation kreiert, sie ist ein deutlich spürbarer Entwicklungsschritt in der Evolution des Menschen.

Doch solange die Kirchen die Notwendigkeit von Reformen nur in ihren organisatorischen Belangen vermuten und Spiritualität sowie *geistiges Verständnis* im Alltag unreflektiert bleiben – es wird ihnen nur geringe Bedeutung zugeschrieben und darum kaum Beachtung geschenkt – solange werden der traditionellen Verkündigung und der wirkungslosen Seelsorge, von interessierten Gläubigen wenig Aufmerksamkeit zukommen.
Ein in konservativen Formen und ohne *geistiges Verständnis* praktiziertes Christentum bringt mangels geistiger Kraft nur eine begrenzte Demonstration von Segnungen hervor; so beschreibt Baker-Eddy die aktuelle Realität.

*Geistiges Verständnis* berichtigt den Irrtum zwangsläufig, auch wenn dieser im Positivismus seine verifizierbare Existenz besitzt. Die Zwangsläufigkeit liegt in der Macht des Geistes, die von der Wahrheit ausgeht, wie die Entdeckung eines Rechenfehlers. Ein Rechenprozess wird zwangsläufig richtig (berichtigt), wenn der versteckte Fehler erkannt wird. Eine weitere Maßnahme ist nicht erforderlich.

*So macht die Wahrheit* an sich *frei* (Joh 8,32). Ein richtiges Verständnis, ein *geistiges Verständnis*, hat seine zwangsläufigen Konsequenzen, ohne weitere Mühen oder Handlungen. Das ist eine unkomplizierte Offerte, die kaum beachtet wird. Doch der Astrophysiker Laurence Doyle schreibt:

> *„Wir stehen an der Schwelle, an der uns die Physik zwingt, die Tatsache zu akzeptieren, dass Gedanken und Körper sich nicht trennen lassen."*

Jesus hat die Heilung von Kranken allein aus der Kraft des Geistes demonstriert. Er hat dadurch die Konsequenzen seiner Botschaft vorgeführt und deren Anwendbarkeit nachgewiesen. Wenn wir die Wahrheit erkennen, dürfen wir es nachmachen. Die Gültigkeit seiner „Philosophie" war nicht zeitlich begrenzt. Sie gilt ewig und ist *deshalb* Teil der Wirklichkeit.

Er hatte zur Genesung nie auf materielle Gesetze oder Verfahren verwiesen, wie beispielsweise die Anwendung von Kräutern, das Auflegen von Steinen, die Behandlung mit Wasser, die Betrachtung von Sternkonstellationen oder das Einhalten von Schonzeiten. Darin steckt kein Quäntchen Metaphysik.

Die Wirkungen aus *diesen* Anwendungen beruhen auf einer mehr oder weniger verifizierbaren positivistischen Logik. Sie benötigt kein *geistiges Verständnis*. Es kann aber auch kein spiritueller Fortschritt daraus erwachsen. Trotzdem erscheinen derartige Maßnahmen dem Klerus von heute keineswegs fragwürdig; jedoch den „Himmel" kann man sich damit nicht verdienen, selbst wenn kirchliche Embleme den Erfolg bei Anwendung suggerieren.

**Der „Himmel" ist das Ergebnis der Entscheidungen zwischen dem Positivismus und der Metaphysik**; täglich mehrmals und immer kompromisslos. Alternativen gibt es nicht. Die Lehren Jesu, wenn sie verstanden werden, entfalten in ihrer Stringenz seine Wunder und bewirken diese.
Albert Einstein wird der Gedanke zugeschrieben:

> *„Es gibt nur zwei Arten sein Leben zu leben: Entweder so, als gäbe es keine Wunder, oder so, als wäre alles ein Wunder."*

Metaphysik ist das Anwenden eines Prinzips hinter dem Augenscheinlichen, hinter dem Messbaren. Es ist die Erlösung von Egozwängen, die nur dem Physischen dienen, letztlich sogar die Erlösung von der Naturwissenschaft. Der Positivismus, der ungefragt unseren Tagesablauf dominiert, beheimatet das Ego. Ego und Körper existieren gemeinsam und bestätigen sich gegenseitig, damit sie nicht, jeder für sich, als Illusion bloß gestellt werden.
Um sich der Metaphysik zu nähern, ist dem Ego mit Hilfe der Vernunft zu begegnen. Die Vernunft ist im positivistischen Denken gelitten. Der Naturwissenschaft hingegen kann nicht mit der Vernunft entgegengetreten werden, denn sie *ist* die Vernunft. Das *geistige Verständnis,* das über der mathematisch-physikalischen Vernunft steht, kann es. Es zeigt aber seine Wirkung als erlösendes Element nicht von sich aus; die Wirkung muss über die Veränderung der Persönlichkeit erarbeitet werden. Die Erlösung folgt einem zeitlosen Prinzip,

das fundamental und grundsätzlich ist, das über den Naturgesetzen steht. Darum gibt es mit der Naturwissenschaft – die mit der Metaphysik nicht kompatibel ist – keine Erlösung, trotzdem wird sie ständig darum bemüht.

Wirkliche Erlösung wird nur mit metaphysisch fokussiertem Bewusstsein erlangt.

Ethisch darunter liegende Vorstellungen mögen zum Überleben auf Erden reichen. Doch der Kampf um die irdische Existenz *mit allen Mitteln* steht auf ethisch primitivster Stufe und findet in zahllosen unmenschlichen Lebensbereichen, vom Kannibalismus bis zu den Machenschaften der Private-Equity-Gesellschaften (Heuschrecken) statt.

Als strikte Abgrenzung davon zeichnet sich seit der griechischen Antike der Humanismus aus, der sich auf die Würde des Menschen gründet. Seine auffälligsten Merkmale zeigen sich im Alltag durch gelebte Tugenden wie: freundliches Benehmen, Selbstbeherrschung gepaart mit Respekt vor anderen und einem gewissen Maß an Bildung, das in der Gesellschaft bereichernd für alle wirkt. Die Beachtung der Weisungen aus dem *Enneagramm*, die sich auf die Persönlichkeit beziehen, tangiert bereits den Übergang zur Metaphysik.

In der Metaphysik wird der Mensch geistig – und deshalb in der Schöpfungsursache Gottes gesehen, wie der Urknall, dessen Ursache auch in der Transzendenz liegt und darum von der Naturwissenschaft nicht erkennbar ist.

**Der körperliche Mensch, der von den Eltern stammt, ist der Reflektor der Attribute des geistigen Menschen.**

Der von Gott erschaffene geistige Mensch bleibt dem Zugriff der Naturwissenschaft entzogen, ihm versuchen die Psychotherapeuten „habhaft" zu werden. Erst seine Wirkungen am Reflexionsobjekt Körper sind augenscheinlich und werden dort physikalisch messbar. Sie lassen bekanntermaßen Rückschlüsse vom Körper auf die Psyche zu, sowie von der Psyche auf den Körper. Um einen fehlerfreien und vollkommenen Zustand vom Körper reflektieren zu können, besteht deswegen auch die Einflussnahme auf ihn über die Psyche.

Es ist nicht der Intellekt des Verstandes die Ursache der Reflexion. Sie kann darum durch kognitiven Erkenntnisgewinn allein nicht gesteigert werden. Eine Änderung der Reflexion erfordert: *anderen Geistes zu werden*, denn **der Körper reflektiert** nichts anderes als **diesen Geist**, der von den Ansprüchen eines massiven Egos u. U. lebenslang verschüttet ist. Anderen Geistes zu werden heißt nichts anderes als: Einfluss auf das Ego gewinnen und es weitgehend bewältigen.

M. Baker-Eddy schreibt von dieser Bewusstseins – bzw. Körper – Beziehung (57; S.403):

> *„Du beherrschst die Lage, wenn du verstehst, dass die sterbliche Existenz ein Zustand der Selbsttäuschung ist und nicht die Wahrheit des Seins."*

**Es muss verstanden werden, dass der von Gott erschaffene geistige Mensch die primäre Persönlichkeit ist und nicht das kurzlebige genetische Zufallsprodukt Körper, der der wirklichen Person als Vehikel dient, aber vom Ego fälschlich zur Persönlichkeit gemacht wird.**

Ergänzend heißt es bei Baker-Eddy (57; S.492):
> *„Das Sein ist Heiligkeit, Harmonie, Unsterblichkeit."*

Unsterblichkeit wird definiert (57; S.429):

> *„Wenn der Mensch nicht existiert hätte, ehe die materielle Gestaltung begann, dann könnte er nicht existieren, nachdem der Körper zerfallen ist."*

Und von Joh. Gottlieb Fichte, Philosoph des deutschen Idealismus, stammt der Ausspruch:

> *„Wenn ich sterbe, sterbe ich nur den anderen, mein Selbst geht weiter"*

Es ist auch nicht der Humanismus, sondern das geistige Verständnis, das uns sagt: wir existieren als Selbst, zusammen mit unserem Schöpfer. Wir agieren nicht getrennt von Ihm, wie mit positivistischen Überlebenspraktiken und empirischen Erfahrungen seit zig Jahrtausenden eingeübt.

In der Geschichte der bisherigen Evolution ist die Erkenntnis der **Wirkung des Geistes auf die Materie** ein epochales Ereignis von grundlegender Bedeutung, an der jeder seit zwei Jahrtausenden beteiligt sein kann.

Warum ein subjektiver Geist auf die objektive Materie wirken kann, mag die folgende Überlegung verdeutlichen.

Der Körper des Menschen lebt nicht, er reflektiert das Leben, wie er Liebe oder Freude reflektiert. So wie es kein sich *freuendes Material* gibt, so gibt es auch kein *lebendes Material*, sondern die Widerspiegelung des Geistes – der Leben Liebe und Freude reflektiert – von „Strukturen", die dem göttlichen Prinzip unterstehen, das nicht an die Naturwissenschaft gebunden ist.

In der Natur wirkt das Prinzip der Entropie. Alle materiellen Gebilde streben einer Nivellierung (Auflösung des Systems) entgegen, solange sich ihre Energiepotentiale von denen anderer Strukturen unterscheiden. Schließlich kann es sogar zum Kältetod des Universums führen, wenn alle Abkühlungsprozesse auf der gleichen Temperatur angekommen sind. Einzig das Leben wirkt der Entropie entgegen, es baut Strukturen auf und kann sie erhalten. Da die Materie an sich immer der Entropie unterliegt, kann Leben nicht aus der Materie kommen. Menschliches Leben entstammt einer übergeordneten Ebene, der Quelle allen Lebens und folgt den Regeln des göttlichen Prinzips. **Leben ist daher geistig und kommuniziert deshalb mit dem Geist.**

Das göttliche Prinzip ist den Funktionen des körperlichen Mechanismus übergeordnet, weil es diese erdacht hat. Die Funktionen können sich deshalb vom Prinzip nicht unabhängig machen. Nur das Ego versucht unter dem Vorwand der körperlichen Fürsorge geänderte Aufgaben, Zwecke und Ziele anzustreben. Das göttliche Prinzip beinhaltet die Macht, die Strukturen durch den Geist der uns von Gott gegeben wurde zu berichtigen, denn **die Materie besteht innerhalb ihrer subatomaren Mikrostruktur nicht aus Material, sondern aus Beziehungen.**
Jesus konnte gerade *deswegen* den Einfluss des Geistes auf diese Beziehungen (Materie) durch die sog. Wunder an der „Materie" demonstrieren.

Wäre die Welt wirklich so stabil und fest, wie sie uns durch unsere Sinne erscheint, hätte kein Geist Einfluss auf sie, wie es der Materialismus aus seiner Perspektive (Verstand und Vernunft) bestätigt, der sie für solid und konkret hält. **Durch die Sinne wird ein Traum zur Scheinrealität.** Unser Ego sorgt, dass der Trugschluss unserer Vorstellung als Selbsttäuschung weiter erhalten bleibt und die *Illusion, materielle Welt*, nicht als Illusion erkannt wird.

Ein Resümee der oben angestellten Überlegungen könnte lauten:

- Unser Selbst, das von Gott erschaffen wurde, ist individuell in seinem Wesen, aber immer ohne Makel.

- So wie Gott unser Selbst schuf, sind wir Sein Ebenbild, also geistig und vollkommen, wir manifestieren Seine perfekte Idee.

- Die körperliche Struktur, die von den Eltern stammt, auf sie, bzw. auf deren subatomare Mikrostruktur, wirkt das geistige Selbst. Es *muss* die Struktur beleben und in ihrer Funktion erhalten. Durch das perfekte Selbst wird es perfekte Funktionen reflektieren; es kann nicht anders als die geistige Idee widerspiegeln, mit der es konfrontiert wird.

- Negative Emotionen aus dem Inneren des Menschen oder im Denken bei anderen wirken störend auf die Mikrostruktur. Sie schaffen an ihr unerwünschte Abweichungen vom perfekten Ideal, die an der identischen Makrostruktur bemerkbar werden. In ihrer erdachten Existenz erscheinen diese Abweichungen als körperliche Störungen.

- Der Einwand: Gott kann alles, Er kann auch die physikalische Festigkeit von Material auflösen – ist falsch! Denn Material ist nur unter positivistischen Gesichtspunkten fest und *das* ist falsch. Gott sieht seine Schöpfung als geistiges Gebilde und darum vom Geist beeinflussbar.

Das Verständnis von der geistigen Ursächlichkeit des Lebens wird durch die Erfahrung der Sinne bestritten. Gerade die Naturwissenschaft besteht auf dem materiellen Anfang alles Lebendigen und auf einer definierbaren Verortung von deren Ursache, die sich der Augenscheinlichkeit nicht entzieht – und darum kann sich eine Ursache nicht im „Himmel" befinden: sagt der Positivist.

**Der „Himmel" ist kein Ort, sondern ein *Zustand*** in unserem Bewusstsein. So wie unser Selbst, das von Gott kommt, kein Objekt, sondern ein Subjekt ist. Solange wir den Himmel als einen Ort sehen, werden wir ihn nicht erreichen, weil wir uns an einem anderen Ort wähnen. Sobald wir ihn aber als einen *Zustand* sehen, merken wir: wir könnten davon schon umfangen werden, wenn wir das göttliche Prinzip erkennen und entsprechend der Wirklichkeit unser Denken regulieren. Denn wer Frieden, Freude und Liebe empfindet, wird sich dem *Zustand* schon spürbar im Diesseits nähern. Der Himmel ist deshalb nicht auf *Bereiche* eingegrenzt, so wie Freude nicht in einem Behältnis isoliert werden kann, aber in einem Bewusstsein erscheint, das geistig orientiert ist.

> Weil der Himmel ein *Zustand* ist und kein *Ort*, darum konnte der sowjetische Astronaut im Orbit Gott nicht begegnen, und darum konnte Maria, die Mutter Gottes, mit ihrem Leib auch nicht in den Himmel auffahren.

Der Himmel ist als *Zustand* ein zusammenhängendes Ganzes, in dem sich jeder Geist befindet, der sich nicht selber durch das Festhalten an physischen Kategorien ausgegrenzt hat bzw. vom Ego definierte Zustände bevorzugt. Erst die vollständige Vernichtung des Egos beim physischen Tod des Körpers wird uns den himmlischen Zustand in seiner Gänze zeigen.

**Aus der Perspektive des Geistes** wird der *Zusammenhang von allem* erkannt, der die Wirklichkeit ist. Ein Zusammenhang ohne Lücken wird auch von der modernen Physik für das Universum beschrieben, wenn sie Objekte *zusammen* mit den „leeren" Zwischenräumen als ein **lückenloses Feld**, mit mehr oder weniger dichter Feldstärke beschreibt. Beziehungslose Dinge oder einsame Individuen gibt es nicht, sie existieren nur in egozentrischen Vorstellungen.

F. Capra erklärt: „Wir können Materie als den Bereich des Raumes betrachten, an dem das Feld extrem dicht ist." Und: „So etwas wie ein und dieselbe Substanz, aus dem das Elektron die ganze Zeit besteht, gibt es nicht." **Teilchen sind lediglich eine örtliche Verdichtung des Feldes**. Das Feld ist die einzige Realität, trotzdem ist es nicht materiell.

Aus der objektiven Sicht der klassischen Physik, die dem Positivismus gerecht wird, erscheinen Objekte immer separat, d. h. mit Leerräumen zwischen den Dingen, die die Dinge u. U. als autonom erscheinen lässt. Diese Sicht empfinden wir als real, obwohl sie eine Täuschung ist, denn das Feld ist abschnittsweise zwar weniger dicht, aber immer lückenlos, zusammenhängend und folglich per se mit allem in Kontakt. Ein in Harmonie befindliches Ehepaar kann diese geistige Verwobenheit erleben, wenn im Schweigen, ohne Einfluss von außen, sich bei beiden gleichzeitig das gleiche Thema –

vorab unbesprochen – in ihren Gedanken einstellt. Elektromagnetische Wellen sind dabei sicher nicht beteiligt. Sicher dient zum Transmittieren ein noch unbekanntes „Feld des Geistes".

Eine derartige Gedankenverbindung stellt ein weiteres Element der Wirklichkeit dar, das den Sinnen verschlossen bleibt.

Die Wirklichkeit erschließt sich im Diesseits auf Anhieb nicht grundsätzlich automatisch, vor allem wenn das von Natur aus immer präsente Weltbild aus der Perspektive des Positivismus gepflegt wird, das uns für den Körper lebenserhaltend erscheint. An ihm hängt zwangsläufig und stringent das Denken in Ego-Kategorien. Folglich wird der Einfluss des Bewusstseins des Betrachters auf die Betrachtungseinheit energisch bestritten. Denn Positivisten haben eine unzureichende Auffassung vom geistigen Menschen, von der Macht seiner Seele und der Wirkung seines Denkens.

Taniguchi mahnt: „**Erhalte den Frieden in deiner Seele, denn die Seele ist der Gesetzgeber deines Körpers**."

Das größte Handicap des am realen Leben interessierten Menschen ist: er kann seine positivistische Denkweise kaum verlassen. Er akzeptiert die eigentliche Wirklichkeit, die geistig ist, bestenfalls nur intellektuell. Diesbezügliche Erkenntnisse reichen aber kaum bis ins Unterbewusstsein. Was der Mensch in seinem Kopf mit Vernunft konstruiert, ist in seinem Herzen noch lange nicht angekommen. Er ist nicht immer stark genug sich gegen die Versagensangst, die das Ego aufwirft, durchzusetzen. Er hält die Verbundenheit mit der geistigen Welt im Grunde für nicht wirklich, weil er sie nicht sieht.

Doch Paulus sagt (2. Kor. 4:18):

> „ ... was sichtbar ist, das ist vergänglich; was aber unsichtbar ist, das ist ewig."

Und, **das was ewig ist, *muss* wirklich sein**, im Gegensatz was sichtbar ist und wieder der Veränderung unterliegen kann.

Zweifellos ist das Unsichtbare schwer zu verstehen, weil unser begrenzter Verstand z. T. nicht einmal das Sichtbare versteht.

Beispielsweise „sehen" wir mit technischen Hilfsmitteln und durch Berechnungen, wie groß das Weltall ist, aber wir verstehen nicht, *wie groß* es wirklich ist. Wie sollten wir dann „Einsicht" in das Unsichtbare erreichen? Paulus meinte: *indem wir geistliche Dinge geistlich beurteilen,* d. h. *geistiges Verständnis* dafür aufbringen.

Der Materialist muss sein Denken über den Zustand der Welt und über ihren Sinn und Zweck ändern, wenn er nicht von der Entropie der materiellen Welt eingeholt werden will und dann zwangsläufig in Verzweiflung und Einsamkeit endet. Er muss rechtzeitig zu einer Metanoia gelangen, die hilft den Rückfall in den Positivismus zu vermeiden. Die Wirkung der Entropie ist in diesem Falle die seelische und organisatorische Unordnung, die gerade bei alten Menschen bis zum Chaos führt. Einsamkeit ist die Folge von Beziehungslücken bzw. Beziehungsbrüchen und auch der Mangel an Empathie zum Nächsten. Der Egoist erfährt nicht den *Zusammenhang von allem*, in dem Empathie natürlich ist.

Eine Partnerschaft ohne Beziehungslücken ist gegeben, wenn Menschen sich in *einer* Absicht miteinander verbinden. Sie sind zusammen stärker als die gleiche Anzahl der Personen, die unverbunden bleiben. Bei jedem Zusammenschluss entsteht ein Synergieeffekt mit großer geistiger Macht. Synergie steht für Einsparung an Aufwand und mühelosem Fortschritt bei dichtem Anforderungsprofil. Die eheliche Verbundenheit ist ein natürliches Beispiel für eine perfekte Konstellation. Die Ehe schafft ein Feld, in dem Wunder entstehen können, wenn die grundgelegten Absichten in der Harmonie der Wirklichkeit ruhen. Harmonie enthält keine Beziehungslücken, sie tilgt das Ego und erzeugt die Empathie.
In Träumen oder Illusionen können keine einheitlichen Absichten und auch keine Empathie entstehen. Illusionen sind Bilder und Vorstellungen, die jeder von seinem Ego gemacht bekommt. Dabei entstehen Ziele im Uferlosen. Illusionen sind mit dem Denken anderer nie identisch, auch nicht mit der Wirklichkeit, die für alle einheitlich gilt. Illusionen, vom Ego gefördert, schaffen ihre eigenen Lücken und Brüche in Beziehungen mit dem Nächsten, sie lassen keine verwertbaren Synergieeffekte entstehen, wie es die Liebe kann; deshalb kann die Liebe keine Illusion sein. Die Liebe war und ist der Anlass der Evolution, sagt Willigis Jäger.

Synergieeffekte werden bis zum Wunder ausgedehnt. Sie erreichen ihren Höhepunkt im Wunder, wenn der Schöpfer des Menschen in die Partnerschaft mit einbezogen wird.

Wird erkannt, dass sich der *innere Mensch* als Gottes Schöpfung im Einklang mit Gottes Omnipräsenz befindet, nimmt der *äußere Mensch* Teil an Gottes Omnipotenz.

Um diesen Fortschritt geistig zu erreichen, ist es zwingend notwendig die positivistischen Vorstellungen von der Welt zu verlassen (gerade dann wenn diese besonders objektiv erscheinen), damit der Zustand der Wirklichkeit, der die Wahrheit ist, wahrnehmbar wird. Wahrnehmung ist nicht absolut. Wahrnehmbar ist für jeden immer das, was er für wirklich hält, so entstehen unterschiedliche Wahrnehmungen von *einer* Wirklichkeit. Es ist von Vorteil, sich der in Gedanken beherbergten Illusionen zu entledigen.

Weil die Schöpfung Gottes in Wirklichkeit ohne Illusionen besteht, führt nur die Wahrheit über die Welt in den Zustand der Wirklichkeit, in dem sich eine neue Sphäre der Existenz eröffnet. Wahrheit verleiht Harmonie, Illusionen bereiten Enttäuschungen. Wir müssen uns über das Denken in Illusionen, das die Anfälligkeit materieller Strukturen organisiert, erheben.

Die Wirklichkeit besteht schon immer, sie kann von Positivisten nur nicht erkannt werden. Es sind die Gesetze des Materialismus, die eine geistige Weltsicht ohne Bedenken als unseriös zurückweisen. Und es ist das Ego, das uns denkfaul macht, weil es kürzere, einfachere Wege zum Glück in Aussicht stellt.

Die Beurteilung der Welt auf der Basis positivistischer Gelehrsamkeit lässt uns die wirkliche Welt nie erkennen. Wir müssen die Welt ganzheitlich, aus der Perspektive des Geistes sehen. Bereits die moderne Physik liefert uns anschauli-

che Strukturen aus dem subatomaren Bereich, die den Übergang zum subjektiven *Zustand* des Bewusstseins benützen.
Nur: **Die Meinung, die auf der *Grundlage der Sinne* gebildet wird, sperrt sich gegen Empirie, initiiert auf der *Grundlage von mentalen Ursachen*.**

Die moderne Physik weist für die Zukunft auf ein neues Weltverständnis hin, wenn beispielsweise James Jeans sagt (58):

> *„Der Strom der Erkenntnis bewegt sich auf eine nichtmechanische Wirklichkeit zu. Das Universum mutet immer mehr wie ein **großer Gedanke**, nicht mehr wie ein großer Mechanismus an."*

In *großen Gedanken* gibt es aber keine Materie. Der Geist Gottes hat in Wirklichkeit kein Material erschaffen, weil Material *Seiner Art* extrem unähnlich wäre; Gott ist Geist (Joh. 4;24).
**Es ist nur *unsere* Art der Wahrnehmung, die Mikrostruktur, die kein Stäubchen Material enthält, als Materie zu deuten.**
So wie ein Ton in dieser Welt erst durch den Hörer – und dann nur in ihm entsteht, so entsteht auch die Materie erst durch den Betrachter.
Die Mikrostruktur, die auf den Geist reagiert, ist eine Idee des Geistes, nur durch unsere spezielle Art der Wahrnehmung wird sie zum Material. Wenn wir diesen Gedanken in unserem Bewusstsein verankern, machen wir einen großen Schritt in der geistigen Evolution der Menschheit, wenn nicht – können wir zwar mit der praktizierten Passivität der Ent-

wicklung nicht entkommen, doch wir werden sehr viel Zeit für fortgeschrittenes Denken beanspruchen.

Alle Ursachen des Seins sind Geist. Alles harmonisch Gelungene ist eine *Frucht des Geistes* (Gal. 6; 21). Hingegen versucht das Ego durch die *Werke des Fleisches* (Gal 6; 19) Harmonisches als Illusion zu deklarieren, um jeglichen Fortschritt zu unterbinden.

Wir befinden uns nach wie vor in einer Evolution, in der jedem freigestellt ist, bei seiner geistigen Entwicklung mitzuwirken. Passivität ist generell Stillstand und das heißt, vergeudete Lebenszeit abschreiben. Geistiges Wachstum hingegen verlangt: wirklichkeitsnahes Weltwissen – und dazu kompatibles Glaubenswissen erwerben. Geistiger Stillstand ist nicht nur äquivalent mit areligiösem Leben, sondern entsteht auch bei „Glauben nach Vorschrift", ebenso wie das „Abarbeiten" geistlicher Rituale aus „frommen" Traditionen ohne *geistiges Verständnis.*
Geistiger Stillstand stellt sich gegen die Evolution, die eine göttliche Installation auch im Physischen ist. Fortschritt ist das Wesen der Evolution, sodass wir in der Zeit *fortwährend Erkenntnis in uns aufnehmen* sollen. Ein Routine-Christentum hat Metanoia nicht im Visier.

Metanoia ist Umdenken vom Prinzip des alltäglich praktizierten Positivismus zur scheinbar weltfremden, idealistischen Metaphysik. Metanoia verlangt, sich eine neue Weltsicht zu erarbeiten. Metanoia bedeutet vor allem: aus einer lethargischen christlichen Haltung bzw. einem statischen, orthodox anmutenden Christentum die Wende in die Dynamik der geistigen Evolution einschlagen, deren Vitalität die Liebe ist. Alternativen dazu gibt es nicht. In Abwandlung der obigen Aussage des Physikers James Jeans kann ebenso und mit Recht behauptet werden:

**Der Mensch ist eher ein großer Gedanke als eine biologische Maschine.**

Die dazu erforderliche Änderung der Lebensauffassung gelingt mit dem entsprechenden *geistigen Verständnis*, nicht mit dem Intellekt. Das *geistige Verständnis* beruht auf dem Geist, der uns bei unserer Erschaffung in der jenseitigen Zeitlosigkeit von Gott gegeben wurde. Nur dieser Geist ist geeignet Metaphysisches zu erkennen, das sich prinzipiell vom Physischen unterscheidet, denn: *die Weisheit dieser Welt ist Torheit bei Gott* (1.Kor. 3:19)
Paulus schreibt im Brief an die Korinther (1. Kor. 2:11-13):

> *„... wer von den Menschen kennt den Menschen, wenn nicht der Geist des Menschen, der in ihm ist. ...* ***Wir ... haben nicht den Geist der Welt empfangen, sondern den Geist, der aus Gott stammt, damit wir das erkennen, was uns von Gott geschenkt worden ist.*** *Davon reden auch wir nicht mit Worten, die von menschlicher Weisheit gelehrt sind, sondern* ***mit Worten, die der Heilige Geist lehrt, indem wir geistliche Dinge geistlich beurteilen.****“*

Der *Geist, der von Gott stammt,* macht uns empfangsfähig und empfangsbereit für die Kommunikation mit Gott, er ermöglicht uns das *geistige Verständnis.* Nur durch *diesen Geist* ist zu verstehen, dass die *Ursachen* von Welt, Zeit,

Raum und Mensch, deren Entstehungsgeschichte in der Transzendenz, im Geistigen beginnt, auch eine geistige *Wirkung* haben müssen. Der *Geist der Welt*, der positivistisch ist, kann bei allem nur einen weltlichen Anfang verifizieren oder dessen Existenz bezweifeln, darum können Dinge aus weltlicher Sicht nur eine weltliche Wirkung haben. Denn Naturwissenschaft hat zur Transzendenz nicht den geringsten Zugang.

In der Hierarchie des geistigen Handelns steht der Mensch über den Dingen. Ihm ist deshalb bei *geistigem Verständnis* die Macht über die Dinge gegeben.

H. Schucman schreibt zur Regel des geistig motivierten Handelns (39; Bd.II; S.361):

> *„Es gibt keine Ursache jenseits von dir, die herabreichen und Bedrängnis bringen könnte. Niemand außer dir beeinflusst dich. Es gibt nichts in der Welt, was die Macht hat, dich krank oder traurig, schwach oder gebrechlich zu machen.* **Du aber bist es, der die Macht hat**, *alle Dinge, die du siehst dadurch zu beherrschen, dass du einfach wieder erkennst, was du bist.“*

Für den Betrachter der Dinge ist für eine *geistliche Beurteilung* das *geistige Verständnis* erforderlich. Wenn wir in Folge davon erkennen, *was uns von Gott geschenkt worden ist*, nehmen wir an der Evolution teil. Als Kinder Gottes nutzen wir dann die Perspektive der Wirklichkeit, die die Wahrheit enthält. Und *die Wahrheit macht frei* (Joh. 8:32) von Illusionen.

**Des Menschen Möglichkeiten müssen vom geistigen Ursprung seiner Entstehung gesehen werden und nicht vom**

**vorübergehenden Status des sterblichen Körpers, dessen Sinne eine Realität wahrnehmen, die es nicht gibt.**

Die Definition der menschlichen Identität auf der Basis des Körpers führt zu total anderen Schlüssen wie die, die den Menschen aufgrund seines geistigen Ursprungs als Kind Gottes sieht.

Nur als Kind Gottes kann der Einfluss des Geistes auf den Körper geltend gemacht werden, das ist ein bedeutender Gesichtspunkt. Als Kind Gottes, das unsichtbar ist, ist der Mensch wie Gott ihn schuf. Er ist das Selbst mit speziellen Wesensmerkmalen, aber doch immer perfekt. Diese Perfektion kann von der körperlichen Struktur reflektiert und wahrgenommen werden, so wie Leben und Freude reflektiert und wahrgenommen werden. Es sei denn, das Selbst wird vom Einfluss des Egos, das sich ausschließlich um den Körper kümmert, in den Hintergrund gedrängt. Perfektion oder Mangelsituation, beides definiert der Geist.

Die Identifikation mit dem Körper weist keinen geistigen Menschen aus. Des Körpers Ego gibt allein Wert und Ziel für das körperliche Leben vor. Des Menschen Geist aus Gottes Schöpfung verharrt dabei in Passivität. Das Ego hat für jede Lebenssituation ein Konzept, das sich immer gegen die Ganzheitlichkeit wendet, es bedarf keiner Belehrung. Für das Ego ist die Welt die ständige Herausforderung sich zu behaupten und es wird sich nicht scheuen, dazu auch die *Werke des Fleisches zu vollbringen* (Gal. 5:19).

Jedoch, wenn ich so bin, wie Gott mich schuf, dann kann ich auch *die Früchte des Geistes* (Gal. 5:22) erbringen und daraus den Nutzen ziehen. D. h. durch *geistiges Verständnis* das Ego mit seinem destruktiven Einfluss entkräften.

Folgendes Beispiel schildert eine Begebenheit, bei der *Vergebung* eine Frucht des Geistes manifestierte.

> Nach Jahren des Vertrauens bemerkte ich, dass eine mir sehr nahestehende Person, die ich sehr schätzte, hinter meinem Rücken Aktionen gegen mich inszenierte. Enttäuschung und Ärger dominierten über einen längeren Zeitraum meine Gedanken.
>
> Im Laufe der Zeit wurde mir aber immer deutlicher: mein Groll wird erst verschwinden, wenn ich zur Vergebung bereit bin. Obwohl ich sehr bald vom Intellekt her die Vergebung akzeptiert hatte, blieb der Groll nach wie vor in meinem Denken. Trotzdem war ich weiter von der Notwendigkeit der Vergebung überzeugt.
>
> Eines Tages, ich fuhr auf der Autobahn zu meinem Sohn, da bemerkte ich während der Fahrt, dass die Vergebung ohne weitere Argumente des Verstandes, zur Herzenssache geworden war. Ich empfand plötzlich ein Glücksgefühl und eine befreiende Fröhlichkeit. Der Ärger war endgültig verschwunden.
>
> Nach dem Mittagessen wurde ich dort zu einem Spaziergang eingeladen. Der schien mir zwar willkommen, doch aus gesundheitlichen Gründen bat ich um eine Begrenzung der Anstrengung, in etwa: „Aber nicht länger als 10 Minuten und bitte ganz langsam". Ein Herzkranzgefäss war bei mir weitgehend verschlossen, der Verschluss könnte nur durch eine Bypass-Operation umgangen werden.
>
> Bei dem Spaziergang, der immer mehr an Tempo zunahm, stellte sich aber die erwartete Behinderung

nicht ein und ich konnte etwa 2 Std. ohne Unterbrechung weiter gehen. Ich überwand sogar einen ca. 50 m hohen Hang, der mit unseren unpassenden Schuhen nur mit Mühe zu bezwingen war. So eine Tour konnte ich schon seit Jahren nicht mehr absolvieren, sodass ich hinterher das ebenso seit langem unbekannte Gefühl eines beachtlichen Muskelkaters verspürte. An die Bypass-Operation war nicht mehr zu denken.

Jeder, der mit einer fortgeschrittenen Erkrankung der Herzkranzgefäße (Angina Pectoris) zutun hatte, weiß, wie bei körperlicher Anstrengung der Herzinfarkt „sprungbereit" lauert, um dem Patienten das Lebenslicht auszublasen, wenn er nicht immer wieder kurzzeitig innehält und in Regungslosigkeit verharrt. Doch im oben geschilderten Fall trat das Gegenteil ein, ich fand wieder zurück zu anspruchsvoller körperlicher Leistungsfähigkeit, ohne Einschränkungen durch den Blutkreislauf.

Offensichtlich besteht eine Ursache/Wirkung – Beziehung zwischen der Vergebung und einer physischen Veränderung bei geändertem Bewusstsein.
Die Bewusstseinsänderung war die Entscheidung: statt den Groll durch das Ego zu pflegen, Frieden halten durch Vergeben. Bei dem Wissen: der Geist Gottes hat keine feste Materie erschaffen, kann ein neues Bewusstsein zum Korrektiv werden. Die Änderung des Bewusstseins kann darum zum *Zustand von Ordnung und Harmonie* befreien (Bhagavad-Gita).
Von Herzen vergeben hieß in diesem Fall, auf die Ansprüche des eigenen Egos verzichten, die da waren: Empörung, Ver-

106

geltung, Genugtuung durch Demütigung. Zugleich wird durch Vergebung das Ego des anderen ebenso entmachtet.

Die Einsicht, den Menschen von seiner geistigen Schöpfung her als Kind Gottes zu sehen, ist ein bedeutender Entwicklungsschritt in der menschlichen Evolution seines Geistes. Irving C. Tomlinson, ein Lehrer der Christlichen Wissenschaft (Christian Science) hat die folgende Erfahrung zur Nachahmung empfohlen:

> *„Niemals eine Unvollkommenheit zu sehen, zu hören, zu berichten. Sondern zu allen Zeiten und unter allen Umständen nur das Gute, trotz des scheinbaren Gegenteils, das sich zeigen will.*
>
> *Jeden Morgen, wenn ich meine Augen öffne, nehme ich mir dies aufs Neue vor und wiederhole es jede Stunde des Tages. Ich sehe nur Vollkommenheit, eine vollkommene Ursache, eine vollkommene Wirkung, einen vollkommenen Gott und einen vollkommenen Menschen. Ich weigere mich auch nur die geringste Unvollkommenheit in mir selbst, in meinen Freunden, in meinen Feinden, in meinen oder ihren Angelegenheiten und in der ganzen Welt zuzugeben. Ich nehme meinen radikalen Standpunkt der Vollkommenheit von Gott, für jedes Ding, für jedermann und für alles was Er machte, ein. Ich sehe auf die Welt mit Gottes Augen und sehe sie, wie er sie machte. Ich verwerfe es, sie irgendwie anders zu sehen.*
>
> *Ich wiederhole mir diesen Entschluss ein Dutzend Mal am Tage und vergewissere mich, dass ich nicht den Irrtum wiederhole, um ihm einen Weg zur Furcht oder Kritik zu geben.*
>
> *Ich bewache und schütze meine Gedanken über die Leute, die Lahmen, die Alten, die Unliebenswürdigen,*

*die Kranken, die Sinnlichen und Sünder, welchen ich begegne. Ich nehme stets meinen radikalen Standpunkt, den Maßstab der Vollkommenheit von allem ein und ich will nicht, absolut will ich nicht auf meinen vollkommenen Standpunkt verzichten.*
*Die Resultate waren und sind wunderbar. Versuchen Sie es und Sie werden vergessen Ihre Brille zu tragen. (...).*
***Die äußeren Umstände sind Bilder unserer eigenen Gedanken und um unsere Bilder zu ändern, müssen wir die Gedanken ändern, welche die Bilder produzieren.***"

Die von Tomlinson praktizierte Denkweise, ist die Affirmation von Erkenntnissen über die Wirklichkeit. Affirmation heißt hier: sich gedanklich in der Wirklichkeit bewegen und diese Wahrheit bejahen.
Ähnlich schreibt H. Schucman (39; Bd.II; S.362)

*„Die Welt die du siehst, tut nichts. Sie hat überhaupt keine Wirkung. Sie stellt nur deine Gedanken dar. Und sie wird sich völlig verändern, wenn du beschließt anderen Geistes zu werden.“*

Stetige Affirmation von schlüssigen Erkenntnissen aus dem göttlichen Prinzip ist das Merkmal, das den aktiven, erfolgreichen Christen vom passiven unterscheidet. Es bedeutet, dass Wissen zur Überzeugung wird, trotz des augenscheinlichen Gegenteils. Wissen ist zielführender als glauben, denn glauben heißt: das für wahr halten, was man im Grunde nicht versteht. Trotzdem, in beiden Fällen bedeutet es: *Überzeugt sein von dem, was man nicht sieht.* (Hebr.11:1). Und das ist der entscheidende Standpunkt.

Affirmieren heißt: Nichtsichtbares bejahen, nicht verifiziertes pures Wissen bekräftigen und schließlich zuversichtlich darauf warten, dass der Weg hin zur *versteckten Wirklichkeit* und zur Korrektur des scheinbaren Mangels führt.

Der Erfolg der Berichtigung liegt dabei ausschließlich in der eigenen Verantwortung. Der Erfolg hängt nicht von anderen Personen, Dingen oder Umständen ab, auch nicht vom eigenen Engagement in irdischen Belangen oder irgendwelchen Gelübden, sondern vom göttlichen Prinzip. Der Mensch muss zuversichtlich das göttliche Prinzip immer als gegenwärtig empfinden und erwarten, dass es wirkt. Und es *wirkt*, weil es *wirk*-lich ist. Das göttliche Prinzip beruht auf der Einheit von Gott und Mensch.

Bei H. Schucman wird darauf verwiesen: (39; Bd.III; S.42):

> „ ...*sein Erfolg hängt von seiner Überzeugung ab, dass er* (der Mensch) *erfolgreich sein wird. Er muss sicher sein, dass der Erfolg nicht von ihm ist, sondern ihm zu jeder Zeit, an jedem Ort und in jeder Lage gegeben wird, in der er danach ruft.* “

Den Standpunkt für eine erfolgreiche Berichtigung einzunehmen erscheint nur deshalb schwierig, weil wir die Welt und unsere Beziehungen in ihr von den äußeren, augenfälligen Umständen her beurteilen. Das ist die Perspektive, in der die Dominanz des Egos Ziele festlegt, und die Regeln des Positivismus bestimmen, was real sein kann und was nicht.

Eine Situation ändert sich deutlich, wenn die Liebe, die Sympathie, wenigstens das Wohlwollen gegenüber einem Menschen oder einem Vorgang ins Spiel gebracht wird. Es ist die Wirkung des göttlichen Prinzips, die Egointeressen dann zwangsläufig in den Hintergrund treten lässt. Diese Erfahrung hat jeder schon gemacht. Eine Situation wandelt sich umgehend und nachhaltig, wenn zu einer Sache gezielt das spezielle Ego, das die Ursache eines bestehenden Dilemmas ist, restlos weggenommen – und das Thema versachlicht wird; oft nicht einfach, aber wirkungsvoll.

*Herzlich,* kann vom Verstand her ohne weiteres gedacht werden, wenn der Mensch in seinem Inneren als *vollkommenes Kind Gottes* wahrgenommen wird. Von C. G. Jung stammt die Aussage: ***„Vollkommenheit bezieht sich auf den von Gott erschaffenen inneren Menschen"***. Zusammen mit dem Satz von H. P. Dürr: *„die Welt ist eine Konstruktion unseres Denkens"*, ergibt sich schon ein Konzept zur Wiederherstellung beschädigter oder unglücklicher Konstellationen menschlicher Zustände.

Derartige Perspektiven dürfen nicht gering geachtet werden, sie sind ein Schritt in der Evolution des Menschen, sie sind die vollkommene Abkehr vom Egoismus und auch der Verzicht auf die Instrumentalisierung des Glaubens für irdische Zwecke und Ziele.

David Robertson empfiehlt darum:

> *„Sie ändern die falsche Vorstellung darüber, wer Sie sind* (ein vom Ego dominierter Körper)*, in die wahre Vorstellung darüber, wer Sie sind* (ein Kind Gottes)*, und diese wahre Vorstellung bringt und manifestiert sich in der Tat als körperliche Veränderung und Heilung. Diese Erkenntnis bringt zuerst die Veränderung im Bewusstsein und dann natürlicherweise im Körper, der das ausdrückt, was wir denken.*
> *Mit anderen Worten**, der Körper ist eine Projektion des Denkens**."*

Es muss allerdings verstanden werden, warum wir Kinder Gottes sind und das Verständnis muss in unserem Bewusstsein durch Bejahen (Affirmation) bekräftigt werden. Es wird dabei weiter nichts als die Wahrheit bekräftigt.

Bei M. Baker Eddy heißt es (57; S.202):

> *„ ... die irdische Erfahrung enthüllt die Endlichkeit des Irrtums und die unendlichen Fähigkeiten der WAHRHEIT, durch die GOTT dem Menschen Herrschaft über die ganze Erde gibt."*

*Herrschaft über die Erde* bedeutet: Mit dem *Geist* das Irdische beherrschen. Nicht aber, die Erde materiell über die natürliche Regeneration hinaus ausbeuten.

Gerade jetzt zur Jahrtausendwende zeigt sich deutlich die Notwendigkeit einer fortgeschrittenen Denkweise, weil uns immer klarer vor Augen geführt wird: die Ressourcen der Erde gehen dem Ende entgegen, bei gleichzeitiger Zunahme der Weltbevölkerung.

Die Affirmation der *Macht des Geistes* über die Materie ist Metaphysik oder Mystik. Ernsthafte Affirmation ist angesichts der erdrückenden Vorgänge weltlicher Machenschaften und gigantisch anmutender Katastrophen scheinbar utopisch. Doch die moderne Physik, die wegen ihrer offensichtlich abstrakten Zusammenhänge mit dem menschlichen Denkvermögen auch nicht erfasst und verstanden werden kann, zeigt die unglaubliche Wirklichkeit von einer vollkommen anderen Welt auf, in der alles in einem Ganzen eingebunden – und von einer kosmischen Intelligenz durchdrungen ist. In ihr gibt es absolut keine separaten Positionen.

Die Akzeptanz der modernen Physik kann dem menschlichen Denkvermögen aus seiner Begrenzung helfen. Der Mensch braucht ein neues, vom Dinglichen gelöstes Denken. Gerade hier sei noch einmal an den Satz von Karl Rahner erinnert: „Der Mensch der Zukunft wird ein Mystiker sein, oder er wird nicht mehr sein".

Wenn der Beobachter mit dem Objekt durch Denken in Wechselwirkung tritt, kann das nur im subatomaren Beziehungsgeflecht des Objektes auf der geistigen Ebene stattfinden, auf der die Einheit zwischen Betrachter und Objekt besteht. **Das Kohärenzprinzip, die Einheit von allem, ereignet sich im subatomaren Bereich**, in dem alle in einer Betrachtungseinheit befindlichen Teilchen (Beziehungen) sich gegenseitig beeinflussen. Capra erläutert das wie folgt (10):

> *„Die Quantentheorie hat den Begriff von grundsätzlich selbständigen Objekten abgeschafft, hat den Begriff des Teilnehmers eingeführt, der den Begriff des Beobachters ersetzen soll, und mag es sogar notwendig finden, das menschliche Bewusstsein in ihre Beschreibung der Welt einzubeziehen, ..."*
> *„Die neue Weltanschauung betrachtet das Universum als **dynamisches Gewebe zusammenhängender Vorgänge**. Keine der Eigenschaften irgendeines Teils dieses Gewebes ist fundamental, sie alle ergeben sich aus den Eigenschaften der anderen Teile, und **die Gesamtübereinstimmung der gegenseitigen Wechselbeziehungen bestimmt die Struktur des ganzen Gewebes.** "*

Diese Aussagen der Quantenphysik führen zu dem anderen Weltbild, das mit den Möglichkeiten der klassischen Physik oder auf der Grundlage der Alltagserfahrung, die immer positivistisch ist, nicht zu erklären ist. Schöpfung ist dann nicht die Kreation von gigantischen Materialmengen. **Schöpfung ist das Arrangement von Beziehungen**. Ein derart gestaltetes Arrangement veranschaulicht auch eher, warum nichts getrennt oder für sich allein bestehen kann. Material und separate Objekte entstehen erst durch unsere Sichtweise, die sich nachteilig auf die Schöpfung auswirkt, sie verfälscht. Eine einseitige Veränderung am Ganzen ist eine Störung der Beziehungen und verursacht Schäden.

Im Bereich der Ökologie werden die Schäden aus massiven, einseitigen Eingriffen immer deutlicher und für alle erkennbar. Bereits zum Ende des 18. Jhs. bemerkte Goethe:

> *„In der lebendigen Natur geschieht nichts, was nicht in einer Verbindung mit dem Ganzen stehe."*

In seiner Naturlehre verwies Goethe nicht nur auf die vernetzten Abläufe, sondern auf *„die grundlegende Dynamik, die allen lebenden Systemen innewohnt."*

Damit hatte er unbewusst auf die lebendige Einheit von allem hingewiesen, die im 20. Jh. durch die faszinierenden Erkenntnisse mit der neuen Physik aufgezeigt wurden. Dazu schreibt Fritjof Capra (44):

> *„Eine sorgfältige Analyse des Vorganges der Beobachtung in der Atomphysik zeigt, dass die subatomaren Teilchen als isolierte Einheiten keine Bedeutung haben, sondern dass sie nur als Verknüpfungen oder Korrelationen zwischen verschiedenen Beobachtungsvorgängen oder Messungen verstanden werden können. Niels Bohr schrieb: 'Isolierte Materieteilchen*

*sind Abstraktionen, ihre Eigenschaften sind nur durch Zusammenwirken mit anderen Systemen definierbar und wahrnehmbar'."*

Denn, **Subatomare Teilchen bestehen nicht aus Dingen, sondern aus der Funktion von zusammenhängenden Beziehungen, sie sind ein Feld.**

Unserem konventionellen Denken erscheint es absolut revolutionär, dass es sich bei den „Bauelementen", aus denen die Welt besteht, den Elementarteilchen, nicht mehr um materielle Dinge, sondern um immaterielle *Beziehungsfelder* handelt, die nur aus den Beziehungen mit anderen Elementarteilchen bestehen, nicht aber aus stofflichen Objekten. Beziehungen, die obendrein noch eine Beziehung zum Beobachter (Experimentator) aufzeigen; wird der *Doppelspaltversuch* in Betracht gezogen. Die subatomaren Verknüpfungen sollten nicht Elementar-*Teilchen*, sondern Elementar-*Beziehungen* heißen.

Der Naturwissenschaftler Clerk Maxwell (1831 – 1879) schuf mit seinen *partiellen Differenzialgleichungen* eine Mathematik, die die moderne Physik des 20sten Jhs. ermöglichte. Es war eine Mathematik, mit deren Hilfe neue Gedanken und ein neues Weltverständnis entwickelt werden konnte. Maxwell begann zu entdecken, dass von Gott her der Geist des Menschen und die Welt in einer grundlegenden Weise aufeinander bezogen sind. (F. Torrance (7)). Wortwörtlich (S.18):

*„Maxwells Gleichungen sind Gesetze, die die Struktur des Feldes darstellen. Der Raum insgesamt ist der Schauplatz dieser Gesetze und nicht wie bei mechanischen Gesetzen nur bestimmte Stellen, an denen sich Materie oder elektrische Ladungen befinden. So versetzt uns, im Gegensatz zur klassischen Naturwissenschaft Newtons, die Darstellung der Physik Maxwells in die Lage, die physikalische Wirklichkeit in Begriffen von* **zusammenhängenden** *– und nicht nur* **zusammenstoßenden** *Kraftfeldern ... zu erfassen."*

Zusammenhängende Kraftfelder weisen auf die *Vernetzung von allem* hin - und (S. 19):

*„Obwohl Maxwell eine allein auf gegenseitige Beziehungen beruhende Erklärung des ... Feldes ausgearbeitet hatte, gab er seine frühere mechanische Erklärung nicht völlig auf ... wobei er den Blickpunkt der Überlegungen jeweils entweder mehr auf die mechanistische oder mehr auf die dynamische Interpretation richtete, jedoch in einer solchen Weise, dass klar wurde, dass eine mechanistische Interpretation einen eher gekünstelten Zugang darstellte, der nicht die wirklichen Zusammenhänge in der Natur in den Blick bekam."*

Die moderne Physik (hier Allg. Relativitäts-Theorie) sagt, dass Entfernung (Raum) und Zeit keine absoluten Größen sind. Folglich sind Gedanken in ihren Möglichkeiten unbeeinflusst von den Entfernungs- und Zeitvorstellungen der klassischen Physik bzw. unserer intellektuellen Alltagserfahrung. Eine Entfernung zu Gott gibt es demnach in Wirklichkeit nicht. Entsprechend dem Naturwissenschaftler Clerk Maxwell sind in einem Feld Entfernungen nicht in Metern relevant. Es gibt nur distanzlose Beziehungen in einem kohärenten Ganzen. Für manche scheint Gottesferne aber von Vorteil zu sein. Es erlaubt über Ihn im Verborgenen zu philosophieren, ohne praktische Konsequenzen aus der These erwarten zu müssen. Hingegen sah Maxwell in der von ihm hochgeschätzten Natur und der Ehrfurcht vor Gott, eine selbstverständliche Einheit, in der das Praktische und Theoretische unzertrennlich zusammen gehören.

Es ist auch seit langem bekannt, dass jede durch psychosomatische Behandlung bewirkte Heilung auf einer Therapie beruht, bei der Geist und Körper als in Wechselwirkung stehend, vorausgesetzt wird. Ohne gedankliche Mitarbeit des Patienten kann der Therapeut keine Heilung erreichen, im Gegensatz zur Behandlung mit Medikamenten. Und bei jeder Gebetsheilung wird die Einheit von Gott und dem menschlichen Selbst im Bewusstsein etabliert und als wirklich erkannt; Bittgebete bedürfen der Überzeugung von der Gegenwart Gottes. Das ist christliche Mystik, die auch einen neuen Substanzbegriff einfordert.

Die Vorstellungen von dem Begriff *Substanz* waren über die Jahrhunderte hindurch im Wandel begriffen. Er ist keinesfalls so eindeutig, wie wir ihn im Alltag anwenden. Die Substanzdefinition von Descartes bezieht sich auf die *ausgedehnte Sache* (res extensa). J. Locke hatte dem noch die *Undurchdringlichkeit* (Solidität) hinzugefügt. Dazu folgert Leibniz (3, Bd.II; S.154,) dass alles Ausgedehnte wieder weiter teilbar und darum nichts Wirkliches ist; und da es nun nach dem Ausscheiden der *res extensa* nur noch die *res cogitans* gibt, müssen schließlich die Bausteine der Wirklichkeit seelische Elemente sein, ... ausdehnungslos und unteilbar.

Leibniz kam zu der Erkenntnis, dass diese einfachen Substanzen (die er Monaden nannte) die wahrhaften Substanzen sind (3, Bd.II; S.153) während die materiellen Dinge nichts als *Erscheinungen* sind, die allerdings wohl begründet und untereinander verknüpft sind. Substanz ist für ihn nicht ausgedehnt (im Sinne Descartes) und fest, sondern ist auch *Wirken und Kraft*. Damit ist die Immaterialität von Substanz bereits angesprochen.

Ausdehnungslose Elemente müssen in einem verknüpften Ganzen folglich auch entfernungslos sein. Distanz in Metern ist deshalb nicht wirklich.

Damit ist Leibniz (1646 - 1716) gut 200 Jahre vor Heisenberg und Bohr schon recht nahe an der Quantenphilosophie, deren Substanzdefinition die Immaterialität beschreibt und die Einheit von allem lehrt. Sie betont die *Leerheit aller Dinge*, die nur als *Erscheinungsformen* auftreten, *ohne eigene substantielle Existenz und separate Selbstständigkeit.*

**Dinge existieren ohne Substrat als Träger der Gestalt.** *Sie sind reine Gestalt ohne ein Stäubchen Materie*; sagt Erwin Schrödinger.

Substanz ist mathematisches System, aber nicht Material im herkömmlichen Sinne. ***Materie ist aus Geist gemacht*** (13, S.81) erkennen H. Bergson und Teilhard de Chardin – und deshalb für den Geist zugänglich.

Das waren bedeutende Erkenntnisse aus einer Zeit, in der die Quantenphysik noch unerforscht war. Die Geisteswissenschaftler verwiesen auf den engen Zusammenhang von Geist und Materie und erhielten durch die Quantentheorie im 20. Jh. ihre Bestätigung.

Der Bibelvers von Lukas (Apg. 17/28) weist ebenso deutlich auf unsere distanzlose Einheit mit Gott hin:

> *„Denn in Ihm leben wir, bewegen wir uns und sind wir ... Wir sind von seiner Art."*

In der Übersetzung von Luther wurde noch für das Wort *bewegen* der veraltete, aber treffendere Ausdruck *weben* verwendet, der die Verwobenheit mit Gott hervorhebt, die zusammen mit dem Hinweis – *von seiner Art zu sein* – noch mehr die Einheit betont. Verwobensein erinnert an das physikalische Feld aller materiellen Strukturen, in das Dinge als ausgebreitet und aufgelöst gesehen werden müssen. **Das Feld ist die Adresse, in die der Geist hineinwirkt**. So ist der Geist die Ursache aller Dinge. Laut R. Sheldrake gilt der Zusammenhang: „Nicht die Materie bildet das Feld, sondern das Feld bildet die Materie." Das bedeutet: **Änderungen am Feld führen zu Änderungen an der Materie.**
Damit kommt auch Berkeleys These wieder in den Fokus der Betrachtung: Dinge existieren durch ihre Wahrnehmung. Werden sie nicht wahrgenommen, ist ihre Existenz beendet.
Materie wurde also nie erschaffen, Materie wird durch unsere Sinne gebildet.
D. h., ihre strukturelle Festigkeit beruht auf einem menschlichen Konzept, genauso wie der akustische Ton oder die sichtbare Farbe. Das sichtbare Ding existiert substanzlos, nur durch eine Idee.

Unter Beachtung der quantenphysikalischen Erkenntnis, dass **Materie *Form ohne Substanz*** ist, wird Sheldrakes Aussage bereits plausibel, auch wenn wir die Kausalgesetze, die zur Formbildung führen, nicht verstehen.

Die *morphogenetischen Felder* – die für die Form und somit für die uns „erkennbare Substanz" ursächlich sind – erfordern naturgemäß eine intelligente, transzendente Planungsinstanz, die mit unserem Denken in Verbindung stehen kann. Auch dann ist die Welt, die wir erfahren, das Resultat unserer Denkweise.


Doch wir können nicht alles mit dem Verstand ergründen, vor allem nicht, wenn wir eine Denkweise pflegen, die der jeweils aktuellen Weltsicht entspricht. Wir müssen immer wieder zur Erneuerung des aktuellen Denkens bereit sein, weil wir noch weit von unserem Entwicklungsziel entfernt sind. Nach Teilhard de Chardin ist das der Punkt Omega, das Ziel der Evolution. Nach Teilhard und Ken Wilber haben wir gerade die Halbzeit erreicht.

Dogmatische Festlegungen, die zu weit über ihre Zeit hinausgreifen und nicht den neueren Erkenntnissen der Naturwissenschaft entsprechen, hindern unseren Fortschritt. Wir fühlen uns befugt, die Dreifaltigkeit Gottes zu erklären, aber wir verstehen nicht die subatomare Struktur des Bleistifts, der vor uns liegt. Wir haben noch nicht die Mikrostruktur der Welt verstanden, so wie sie die moderne Physik aufzeigt. Schlimmer noch, wir werden sie auch nicht verstehen, weil die Kapazität des menschlichen Verstandes dafür nicht ausreicht. Die Struktur der Welt geht weit über die menschliche Erkenntnisfähigkeit hinaus. Wir begreifen nicht, dass sie geistig ist, weil sie uns augenfällig als zu materiell erscheint. Wir verstehen das, was die Welt *nicht ist*, aber nicht, was sie *wirklich ist*. Denn wir sehen etwas, das in Wirklichkeit nicht existiert, und das was in Wirklichkeit existiert, können wir nicht sehen. Was sichtbar ist, ist vergänglich, was unsichtbar ist, das ist ewig: sagt Paulus (2.Kor.4:18) und was ewig ist, ist zeitlos und deshalb wirklich.

Wirklich und ursächlich sind die Beziehungen unseres Denkens in Verbindung mit der Mikrostruktur, nicht aber das Bild, das durch unsere Wahrnehmung als Material erscheint.

Unser Problem ist: Wir vertrauen den Informationen der Sinne und konstruieren mit dem Verstand unsere Welt. Dass das aber eine Illusion ist, müssen wir erst einmal akzeptieren, um auf einer neuen Basis ein lebenslanges Lernen beginnen zu können. Nach Ken Wilber (45) sind wir dann *in eine neue Etage umgezogen, und nicht nur in einen anderen Raum.*

Deshalb werden wir mit dem Verstand auf der konservativen Grundlage des Denkens – die wir als die Ratio, die Vernunft, bezeichnen – auch die Einheit mit Gott nicht finden können. Stattdessen empfinden wir Trennung und Isolation. Die Einheit können wir nur mit unserem Inneren erkennen und dann den Verstand behutsam nachführen. Unser Inneres ist unserem Verstand in der Erkenntnis voraus, solange dieser sich an den Phänomenen des Äußeren orientiert.

Die heutzutage oft gehörte Frage: warum schreitet Gott nicht bei katastrophalem Leid ein, wenn er ein Gott der Liebe ist und mit uns eine Einheit bildet? Die Frage betrifft das Theodizee-Problem, das von Platon und Leibniz schon erörtert wurde. Platon erkannte: (3; Bd.I; S.86/87):

*„Wenn es einen Gott gibt, wie kann es dann sein, daß es in der Welt zugeht, als ob kein Gott wäre oder als ob er sich nicht um die Welt kümmern würde?"*

Wir stellen gewöhnlich mit unzureichendem Weitblick die Theodizee-Frage und merken nicht, dass wir aus einer falschen Perspektive *Dinge und Verhältnisse* beurteilen. Der Blick auf das Ganze, d, h. der über eine bedrückende Situation hinausgeht, verändert nach Platon die Wertigkeiten grundlegend (3; Bd.I; S.148):

*„Man beurteilt die Dinge und Verhältnisse von einem begrenzten, oft nur das Subjekt und seine momentane Lage allein berücksichtigenden Standpunkt aus; nicht aber schaut man auf das Ganze. Und schließlich sei zu bedenken, daß das Leben auf dieser Welt nicht das ganze menschliche Leben darstellt."*

Platon gibt auch zu erkennen, dass das Böse von den Menschen gemacht ist und nicht von einer außerirdischen Macht stammt (3; Bd.I; S.86):

*„Das Gute wird bei uns Menschen weit überwogen von dem Übel ... Wenn der Gerechte auf Erden erscheinen wird, wird er gegeißelt, gefoltert, in Ketten gelegt, an beiden Augen geblendet werden, und schließlich wird man nach allen Martern ihn ans Kreuz schlagen, damit er zur Einsicht kommt, daß es nicht das Richtige ist in dieser Welt, gerecht zu sein, sondern es nur zu scheinen."*

Die Frage nach Gottes notwendiger Hilfe wird unter ausgesprochen irdischen, verstandesgemäßen Gesichtspunkten gestellt und bleibt deshalb geistlich unbeantwortet.

**Gott wirkt von sich aus nicht in eine materielle Welt, die nur in *unserer* Vorstellung existiert.**

Ein Handwerker könnte auch kein Gerät reparieren, das es nicht gibt. Er würde zu seinem Auftraggeber sagen: „Ändern Sie Ihre Vorstellungen, verlassen Sie Ihre Illusionen, dann ist Ihnen schon geholfen." Wir müssen die Welt in ihrer Wirklichkeit finden und mit dieser in Harmonie kommen. Gott wirkt nicht in Objekte und Zustände, die Illusion sind, die nur von unseren Sinnen zusammen mit dem Ego kreiert werden. Er wirkt in *Beziehungen,* die sich aus der Wirklichkeit ergeben, sobald der Geist des Menschen diese Wirklichkeit erkennt und dafür aufgeschlossen ist. Dann befindet sich sein Geist auf einer „Wellenlänge", um mit Gott kommunizieren zu können; das ist Kohärenz. Gott umarmt mich in der Wirklichkeit, sagte Ignatius von Loyola.

Wirklichkeitsgemäße Aspekte ergeben sich aus den folgenden Fakten:

- Der innere Mensch ist ein Kind Gottes und nicht ein Kind von sterblichen Eltern.
- Seine Existenz geht aus von der Zeitlosigkeit vor der körperlichen Geburt, bis in die Ewigkeit nach dem irdischen Ende. Der innere Mensch lebt unabhängig von der Zeit.
- Die Existenz des Körpers hat im Irdischen seinen Anfang und sein Ende. Wer sich mit dem Körper identifiziert, hat Angst vor dem Tod.
- Körper und Welt sind das Produkt unserer Sinne. Nur ohne unsere Sinne können wir die Wirklichkeit erspüren, denn *die Welt die wir sehen, ist nicht die Welt, in der wir leben* (phys.).

Daraus sind Konsequenzen zu ziehen und Regeln abzuleiten, die unser Leben grundlegend verändern.

Ein Wunder Jesu war keine Zirkusnummer, seine Heilungen waren auch nicht der primäre Zweck seines Wirkens. Er hat mit ihnen seine Thesen / Lehren verifiziert, z. B. dass die Macht eines qualifizierten Geistes über den Gesetzmäßigkeiten der Naturwissenschaft steht; was wir Heutige vollkommen ablehnen, weil die zeitgenössische Christenheit ganz im Positivismus denkt. Wir wollen den anstehenden Schritt in der Evolution der Menschheit nicht wagen. Es ist der Schritt zur Erlösung, hin zur Mystik.

Mystik ist nichts Geheimes. Mystik ist weit blickend in Theorie und Praxis. Hingegen den Körper als feste Substanz zu sehen, ist Positivismus und nicht die Wirklichkeit. In der modernen Naturwissenschaft sind Dinge durch den Geist beeinflussbar, Parallelen bestehen zur Mystik. Die Physik redet im Mikrobereich nicht mehr von Teilchen sondern von Feldern. Das Feld ist das Einflussgebiet für den Geist, es ist eine Form ohne Substanz, es unterliegt mit seiner Gestalt dem Selbst, das Leben und Geist ist. **Der Geist organisiert das Feld in seiner substanzlosen Form** zum Guten oder Schlechten. Die *Ursachen* unserer Stärken oder Schwächen liegen daher im Geist. Im Feld, das die Mikrostruktur ist, erscheinen die *Wirkungen* die in der Makrostruktur spürbar und messbar werden.

Doch wir haben den freien Willen zur Entscheidung: entweder für die Illusionen der Sinne oder für die Wirklichkeit, die hinter der sinnlichen Wahrnehmung steht. Wir müssen mit unserem Denken die vordergründige materielle Illusion verlassen, in der wir stabile Objekte wahrnehmen. Wir müssen uns bewusst werden, dass hinter den starren Formen dynamische Beziehungen in fließenden Prozessen bestehen. Nur darauf können wir als *Prozessteilnehmer* Einfluss nehmen. Denken und die kohärenten Beziehungen, in der substanzlosen Form, die wir als Material bezeichnen, finden auf der gleichen Ebene statt; die geistig ist. Das Wissen um die Materialleere der sog. materiellen Struktur wertet in unserm Bewusstsein den Geist auf und lässt die Dominanz des Körpers schwinden, es führt zur Identifikation mit dem Selbst.

Naturgemäß haben wir mit dem aktiven Denken ins Innere – mit dem wir unsere Empfindungen erreichen – wenig Übung, weil die Anforderung dafür, über unser gewohntes Denken zum Verrichten mechanischer Tätigkeiten, hinausgeht. Eher wird in der umgekehrten Richtung ein passiver Verstand von den Empfindungen (Emotionen) unkontrolliert überwältigt. Es ist in uns eingewurzelt, mit dem Verstand entsprechend dem Newton`schen-Weltbild in Objekten zu denken. Hier stehen wir mit den Tieren noch auf der gleichen Stufe.

Fortschrittlicher ist es nach der Maxwell`schen-Sichtweise mit dem Gefühl, das als seelisches Element analog zur Weltstruktur im *Feld* wirkt, Empfindungen zu entwickeln. Die Affirmation dieser Blickrichtung führt zur Veränderung der Mikrostruktur. Empfindungen entsprechen dann den *Früchten des Geistes* (Gal. 5,22) sie sind nicht intellektuell zu generieren. *„Wohlwollen, Liebe, gute Wünsche, kreieren ordnende Felder, ... die Urwirklichkeit Gott hat diese Kraft in die Grundstruktur der Evolution gelegt"*. (W. Jäger). Und von Hugo Kükelhaus stammt der Satz: *„ Man kann die Welt nicht verändern, man kann sie nur durchstrahlen. "*

Verändern hat das punktuell Anpackende an sich, mit seinen begrenzten Wirkmechanismen. Hingegen hat Durchstrahlen uneingegrenzten Feldcharakter, das eine Wandlung weitläufig und grundlegend herbeiführen kann. Durchstrahlen verfügt über die Leichtigkeit des Natürlichen für alles, das sich im Gedankenkreis des Betrachters, der der *Teilnehmer* ist, befindet. Das Natürliche ist die Dynamik der von Gott konstituierten Evolution im ganzen Universum.

Vergebung, Freude, Dankbarkeit, Harmonie oder Begeisterung agieren personenübergreifend, bringen das Bewusstsein aus der Engführung der Egostrategie und der Angst heraus und verändern unser Empfinden gegenüber der Welt. Bewusstsein bzw. Beobachtung lässt auch die Wellenfunktion im *Feld* kollabieren und *schaltet die Welle zum Teilchen* (Ulrich Warnke). In diesem Bereich begegnen sich Quantenmechanik und Spiritualität. Sie werden zu analogen Elementen, die auf einer höheren Ebene u. U. identisch sind und sich zur Einheit integrieren. *Auf einer höheren Ebene fallen Gegensätze zusammen*, sagt uns Cusanus mit der Koinzidenzidee und in Hegels Dialektik findet sich These und Antithese in der neuen Synthese.

*Die Effektivität unseres Lebens liegt nicht so sehr in der Leistung, sondern mehr in der wohlwollenden Präsenz.* Der Gedanke von Willigis Jäger hebt die Wirksamkeit der *wohlwollenden Präsenz* (mit *Feldcharakter*) gegenüber dem punktuellen Handeln hervor. Gerade wenn die Initiative des Handelns nicht – oder wie bei älteren Menschen nicht mehr gegeben ist, eröffnet sich durch die Vergegenwärtigung des Feldpotentials in einem kohärenten System eine aktive Teilnahme an Vorgängen, bei denen wir uns sonst als hilflose

Außenstehende betrachtet hätten. Die geometrische oder geographische Distanz zum Geschehen ist dabei unerheblich. Präsenz bedeutet nicht: physisch anwesend zu sein. Die Wirksamkeit liegt allein in dem Bewusstsein, das Empfindungen wie Liebe, Freude, Zuversicht generiert. Ein derartiges Bewusstsein können wir durch unser Denken entwickeln. Es entspricht der Dynamik der Wirklichkeit und bewegt sich im Gleichklang mit der Evolution. Es ist von Gott gewollt und es ist deshalb ein menschliches Privileg, an der Evolution aktiv teilzunehmen.

Hingegen, alles was sich gegen Liebe und Hoffnung stellt, ist kontraproduktiv für den Einzelnen sowie für die Gemeinschaft. Geradezu lebensfeindlich ist Angst, Gier, Neid, Häme, Zynismus, Hass oder Defaitismus. Sie erzeugen eine destruktive Kommunikation, verbreiten Mutlosigkeit und nehmen Einfluss auf die subatomare Mikrostruktur des Körpers. Schutz in gegenseitiger Bedrohung zu suchen, ist ein riskantes Spiel bei dem alle Beteiligten verlieren. Der Mutlose bewegt nichts. Solange er nicht umdenkt kann ihm nicht einmal geholfen werden. Seine Haltung führt in die Isolation. Die Isolation hat kein verbindendes Feld, sie verstärkt nur die vermeintliche Schutzfunktion des Egos. Bei H. Schucman heißt es: *„Es ist unmöglich von Angst ganz erfüllt zu sein und lebendig zu bleiben."* Das ist eine Begründung für den Selbstmord bei starker Depression.

Es ist der Wunsch des Egos, den Geist auf das Gehirn zu begrenzen und ihn mit einem Körper zu umgeben. In dieser Isolation soll er unfähig sein, einen anderen Geist, anders als durch den Körper zu erreichen. Der Geist wird bei dieser Haltung durch die „Zensur" des Egos beeinträchtigt, bei der

der Verstand nur das für möglich halten darf, was er gelernt hat. Die Kommunikation reduziert sich dann auf den Bereich, den die klassische Naturwissenschaft für messbar und machbar hält. Das allein wird aber nie befriedigen. Eine Gesellschaft von überwiegend Mutlosen, Ängstlichen oder Unzufriedenen verliert ihre Existenzfähigkeit und wird von der Evolution zwangsläufig ausgeschieden; sie wissen nicht, dass sie für immer Leben und Geist von Gott haben.

Die kritische Haltung, wenn sie indifferent ist, ist sie kurzzeitig berechtigt, sogar notwendig, sie kann bewusst in die ordnenden und konstruktiven Felder der Liebe führen, aber auch in den destruktiven Bereich für Pessimismus und Chaos abgleiten. In der kritischen, indifferenten Phase werden die Weichen gestellt und die Felder eröffnet, in denen nach der Entscheidung gelebt wird. Die kritische Haltung ist die Chance für die Entscheidung, mit dem Heiligen Geist zu kommunizieren. Wir können Ihm zur Klärung alles anbieten.
Für den ausschließlich naturwissenschaftlich orientierten Menschen klingt obiges weltfremd, illusionär, weil die Welt in seiner Vorstellung eine Realität beschreibt, in der die Ganzheitlichkeit unvorstellbar ist, in der die Welt mit dem Geist keine Symbiose bildet, deren Wirklichkeit allein durch die Sinne wahrgenommen wird.
Die eigentliche Wirklichkeit, deren Erkenntnis auf einem fundamentalen Geisteswandel beruht, wird nicht wahrgenommen, weil sie für den tatkräftigen Zeitgenossen nicht als notwendig gesehen wird.
Doch wir befinden uns jetzt, um die Jahrtausendwende, an einem Paradigmenwechsel, der bedeutender ist als die Wen-

de vom geozentrischen Weltbild des Ägypters Ptolemäus (1. Jh.) ins heliozentrische des Niklaus Kopernikus im 16. Jh. Johannes Kepler (1571 - 1630) entdeckte anschließend die Gesetze der Planetenbewegung, die er nicht zu publizieren wagte, er fürchtete um sein Leben.

Das neue Denkmuster unserer Zeit kreiert eine neue Wirklichkeit, deren hohe Bedeutsamkeit allerdings in einer weitgehend hedonistischen, satten und borniertem Gesellschaft ignoriert wird. Es richtet sich durch die Anerkennung der Macht des Geistes gegen das Diktat des allgemein gelebten Positivismus. Und geleitet uns dadurch von einer rationalistischen – zu einer ganzheitlichen Lebens- und Weltauffassung, die uns wieder zurück zur Mystik bringt.

Albert Einstein, der großen Anteil am Geisteswandel um das Jahr 2000 hat, wird von Ken Wilber wie folgt zitiert (45; S.17):

> *„Das tiefste und erhabenste Gefühl, dessen wir fähig sind, ist das Erlebnis des Mystischen. Aus ihm keimt alle wahre Wissenschaft. Wem dieses Gefühl fremd ist, wer sich nicht mehr wundern und in Ehrfurcht verlieren kann, der ist bereits tot. Das Wissen darum, daß das Unerforschliche wirklich existiert und daß es sich als höchste Wahrheit und strahlendste Schönheit offenbart, wovon wir nur eine dumpfe Ahnung haben können – dieses Wissen und diese Ahnung sind der Kern aller Religiosität. In diesem Sinne, und in diesem allein, zähle ich mich zu den echt religiösen Menschen."*

Was ist *„das Erlebnis des Mystischen"*, und für wen?

Es ist die Entscheidung, das positivistische Weltbild, in das wir hineingeboren wurden und in dem wir täglich leben, in Zweifel zu ziehen, Unglaubwürdiges abzulegen und die Wirklichkeit, die hinter der Physik liegt – die Metaphysik, Schritt für Schritt anzunehmen.

Es ist der Ausstieg aus den Illusionen der Welt der Sinne und der Einstieg in die geistliche Welt. Ein Wandel im Denken, den schon Paulus und Johannes mit den folgenden Worten vorstellten.

Joh. 3:3 *„Wenn jemand nicht von neuem geboren wird, kann er das Reich Gottes nicht sehen."*

Röm. 8:1 *„So gibt es nun keine Verdammnis für die, die in Christus Jesus sind, die nicht **nach dem Fleisch leben**, sondern **nach dem Geist**."*

Röm. 8:9 *„Ihr aber lebt nicht gemäß eurer **menschlichen Natur**, sondern **im** Geist, wenn Gottes Geist wirklich in euch wohnt ..."*

Joh. 3:6 *„Was aus dem Menschen geboren ist, das **ist Fleisch**; was aber aus dem Geist geboren ist, das **ist Geist**."*

Joh. 3:7 *„Ihr müsst von neuem geboren werden."*

Die Polarität von *Fleisch* und *Geist* entspricht der Polarität von Positivismus und Metaphysik.

*Von neuem geboren werden* heißt, sich ganz für die Metaphysik entscheiden und gedanklich noch einmal neu anfangen.

**Metaphysik führt zum fälligen Schritt des Menschen, in seiner geistigen Evolution** und gleichzeitig auf die Ebene, die im Bereich der Transzendenz die Regel ist. Evolution ist hier: Handeln in der Kraft des Geistes.

Es reicht, um *ewiges Leben* zu er-leben. „*Das ewige Leben ist nicht einfach Leben nach dem Tod. Ewigkeit ist göttliche Tiefe in der Gegenwart*", sagt Sebastian Painadath (SJ). Und er weist darauf hin, wenn wir vom Geist Christi geführt werden, entfaltet sich unser Leben in Gott. „*Wenn also jemand in Christus ist, dann ist er eine neue Schöpfung*" (2. Kor. 5:17). Dann ist er *von neuem geboren*.

Dann ist Christus die heilende Gegenwart in uns, erklärt Painadath (CiG 13/2009 S.140). Genauer: „*In dieser Erkenntnis erreichen wir die Tiefe der christlichen Spiritualität*". Diese Erkenntnis birgt die Kraft aus dem Geist, die die sichtbare Form verändert. Denn „*die Form ist ohne Substanz*" (E. Schrödinger). Der Geist ist die Substanz. Die Form ist die Ausprägung des Geistes.

Einem Körper liegt nicht Material im klassischen Sinne als Träger der Form zugrunde, sondern er ist eine durch den Geist gebildete Form. Materie als augenscheinliches Objekt ist ein positivistisches Konzept, das erst durch die Wahrnehmung unserer Sinne entsteht. (G. Berkeley, L. Schäfer).

Es ist also der Geist, der die Form definiert und somit die Funktion sicherstellt (Placebo, Bewusstsein). Die Gesamt-Struktur der Form gliedert sich nach der „Blaupause", die die Idee der Schöpfung Gottes darstellt.

Diese **Erkenntnisse aus der Quantenphysik und der christlichen Spiritualität zeigen auf, dass die Materie in Wirklichkeit nicht existiert.** Für den Zeitgenossen von heute ist das genauso komplex und fragwürdig, wie es Keplers Planetenbewegungen für die Geisteswissenschaftler der Renaissance waren.

Die Deutung von Substanz und Struktur kann schon wegen der Unbestimmtheit des Quantenzustands, von dem was in Erscheinung tritt, nicht zwingend authentisch sein, sondern es ist abhängig von der individuellen Wahrnehmung des Betrachters. Es ist also durchaus zutreffend, dass selbst der scheinbaren Existenz eines verifizierbaren Objektes keine Beweiskraft für seine Echtheit zugesprochen wird, weil die Wahrnehmung des Betrachters auch noch von seiner inneren Einstellung abhängt. Denn **Wahrnehmung ist keine Tatsache, sondern das Ergebnis von Haltung und Empathie**.

Das Prinzip, das Jesus von Nazareth den Menschen brachte, war mit samt seinen Werken, die das Prinzip verifizierten, von vielen mit Misstrauen belegt. Sonst hätte er nicht argumentiert (Joh.10:37,38): „*Wenn ich nicht die Werke meines Vaters vollbringe, dann glaubt mir nicht. Aber wenn ich sie vollbringe, dann glaubt wenigstens den Werken.*"

**Das Prinzip praktiziert den gangbaren Übertritt vom Positivismus zur Metaphysik.** Allerdings bei positivistischer Herangehensweise an eine Aufgabe ist nie eine metaphysisch bewirkte Veränderung (Werk, Wunder, Fügung) zu erklären und zu erwarten, und das macht Metaphysik bei Skeptikern, die nur den Positivismus kennen, auch heute noch so un-glaubwürdig. Bei dem göttlichen Prinzip wird ein ausrei-chendes Maß an geistigem Verständnis vorausgesetzt, das aber für den *natürlichen Menschen eine Torheit ist* (1.Kor.2:14).

Unter dem weltlichen Aspekt von Torheit bei Geistlichem entwickelt sich auch der Kern der heutigen Glaubenskrise zum gegenwärtigen Desaster, vor allem zuerst und ursächlich innerhalb der Kirchen, obwohl die das nicht wahrhaben wol-len. Denn die Kirchen reden zwar von Spiritualität und Me-taphysik (Gebete, Fürbitten und Bibelzitate), sie haben aber nicht die Kraft, damit geistliche Werke zu vollbringen.
Doch *„das Reich Gottes besteht nicht in Worten, sondern in Kraft"* sagt Paulus (1.Kor. 4:20).
Sie handeln notgedrungen in Kraftlosigkeit und Ohnmacht, und um überhaupt etwas zu bewirken, suchen sie die Über-einstimmung mit positivistischen Praktiken, wie die Heilung der Kranken, seit dem 3. Jh. mit Klostermedizin und Pflege-diensten; ebenso das irdische Streben nach vorteilhaften kommerziellen Konditionen *gemäß ihrer menschlichen Na-tur*; sowie das politische Engagement, zwecks Erlangen von Ansehen und Bedeutung zur Ausübung von Macht, nicht nur hin und wieder, sondern grundsätzlich.
Die daraus erwachsende geistliche Kraftlosigkeit beschädigt nicht nur die Authentizität der Kirchen, sondern auch das von Jesus und seinen Nachfolgern praktizierte Prinzip: Handeln *in der Kraft des Geistes*.
Jesus nachahmen, ohne *in der Kraft des Geistes* zu wirken, erzeugt keine Distanz zur Naturwissenschaft, die positivis-

tisch orientiert ist. Jesus nachahmen ist dann bestenfalls eine Erziehung der Menschen zu braven Positivisten, die sich aber seinem metaphysischen Prinzip nicht annähern. Sie können keine Erlösung aus irdischen Zwängen erreichen, weil sie mit ihnen kooperieren.

Sogar Psychotherapeuten haben den klerikalen Seelsorgern den Rang bezüglich Glaubwürdigkeit, Einfluss und Erfolg abgelaufen. Ein Gemeinde-Pfarrer riet einem Krebspatienten, der ihn um Hilfe bat: „Ich kann für dich beten, aber geh zur Heilung zu den Ärzten." Hingegen sagte Petrus zu dem Gelähmten: *„Silber und Gold habe ich nicht, aber was ich habe, gebe ich dir."* Und er heilte ihn mit Worten in der Kraft des Geistes: *„Im Namen Jesu Christi, stehe auf und geh!"* (Apg.3:6).
Die heutigen Apostel haben zwar Silber und Gold und einen – selbst für ihre Verwaltung – unüberschaubaren Wert an Immobilien. Doch die Kraft des Geistes ist nicht mehr apostolisch, obwohl der Auftrag nach wie vor besteht: *„Heilt die Kranken, ... weckt die Toten auf, ..."* (Matth. 10:8)

Die Evolution des Geistes braucht den Willen zu ewigem geistigen Wachstum. Er wird notwendig sein, um Mystisches auch ewig zu erfahren. Evolution wird möglich durch den Fortschritt aus der Einsicht, dass selbst die neuesten Erkenntnisse nicht die letzten sind.
Teilhard de Chardin meint: wir haben gerade die Hälfte der Evolution erreicht, von dem, was möglich ist.

# Literaturhinweis

(1)     Franz Alt: „C. G. Jung: Sinnfragen des Lebens"
(2)     Renèe Weber: „Wissenschaftler und Weise"
(3)     Johannes Hirschberger: „Geschichte der Philosophie"
(4)     Lothar Schäfer: „Versteckte Wirklichkeit"
(5)     Ulrich Lücke: Mensch, Natur, Gott
(6)     Kurt Flasch: „Nikolaus von Kues in seiner Zeit"
(7)     Thomas Torrance: ibw Journal, Sonderbeilage Feb. 82
(8)     Henning van d. Osten: „Über die Welt und über Gott"
(9)     Hans Peter Dürr: „Auch die Wissenschaft spricht nur in Gleichnis-
        sen"
(10)    Fritjof Capra: „Das Tao der Physik"
(11)    John Horgan: Spektrum, Quantenphilosophie
(12)    Wolfgang de Boer: ibw Journal Jan. 86
(13)    Jean Guitton: „Gott und die Wissenschaft"
(14)    Leonardo Boff: „Leben was sonst" (Herder)
(15)    Peter Hahne: „Schluss mit lustig"
(16)    Willigis Jäger: „Wiederkehr der Mystik"
(17)    Werner Heinrich: „Einführung in das Qualitätsmanagement"
(18)    Ruppert Sheldrake: „Das Gedächtnis der Natur"
(19)    Erwin Neu: „Aus Sternenstaub"
(20)    Franz Alt: „C. G. Jung: Von Traum und Selbsterkenntnis"
(21)    Grabner Haider: „Praktisches Bibellexikon"
(22)    Willigis Jäger: „Die Augen meiner Augen sind geöffnet"
(23)    Bernhard Schleißheimer: „Ethik heute"
(24)    Hohn-Morisch: „Leben was sonst" (Herder)
(25)    Gunnar Heinson: „Söhne und Weltmacht"
(26)    Christian Troll: „Als Christ dem Islam begegnen"
(27)    C. G. Jung: „Die Archetypen und das kollektive Unbewusste"
(28)    Peter Lengsfeld: „ Zum tieferen Sinn von Religion"
(29)    Arthur Schopenhauer: „Aphorismen zur Lebensweisheit"
(30)    Wilhard Becker: „Kopf und Bauch genügen nicht"
(31)    Staudinger / Schlüter: „Wer ist der Mensch"
(32)    Brockhaus: Kunst und Kultur, Bd. 5
(33)    Henry J. M. Nouwen: „Du bist der geliebte Mensch"

(34)   Rupert Sheldrake: „Das schöpferische Universum"

(35)   Aniela Jaffé: „C. G. Jung, Erinnerungen, Träume, Gedanken

(36)   Carl Amery: „Global Exit"

(37)   Georg Scherer: „Das Problem des Todes in der Philosophie"

(38)

(39)   Helen Schucman: „Ein Kurs in Wundern"

(40)   Anselm Grün: „Buch der Lebenskunst"

(41)   Lapid / Frankl: „Gottsuche und Sinnfrage"

(42)   Richard Knerr: „Physik"

(43)   Lovelock / Sheldrake / Capra / Davis: „Der wissende Kosmos"

(44)   Fritjof Capra: „Wendezeit"

(45)   Ken Wilber: „Halbzeit der Evolution"

(46)   Ulrich Schnabel: „Die Vermessung des Glaubens"

(47)   Masaharu Taniguchi: „Leben aus dem Geiste"

(48)   Rüdiger Vaas: „Gott, Gene und Gehirn"

(49)   Adolf Hochmuth:  „Schritte zu einer Kritik der christl. Vernunft"

(50)   Hans Küng: „Der Anfang aller Dinge"

(52)   Patrik Becker:  „Kein Platz für Gott"

(53)   Khalil Gibran:  „Der Prophet"

(54)   Kenneth Wapnik:  „Die Vergebung und Jesus"

(55)   Paul Davies:  „Gott und die moderne Physik"

(56)   Frank Grotelüschen:  „Der Klang der Superstrings"

(57)   Mary Baker-Eddy:  „Wissenschaft und Gesundheit mit Schlüssel zur Hl. Schrift"

(58)   James Jeans:  „Der Weltraum und seine Rätsel"